马逍遥

## 《南宋临安坊巷图》厢坊名称表

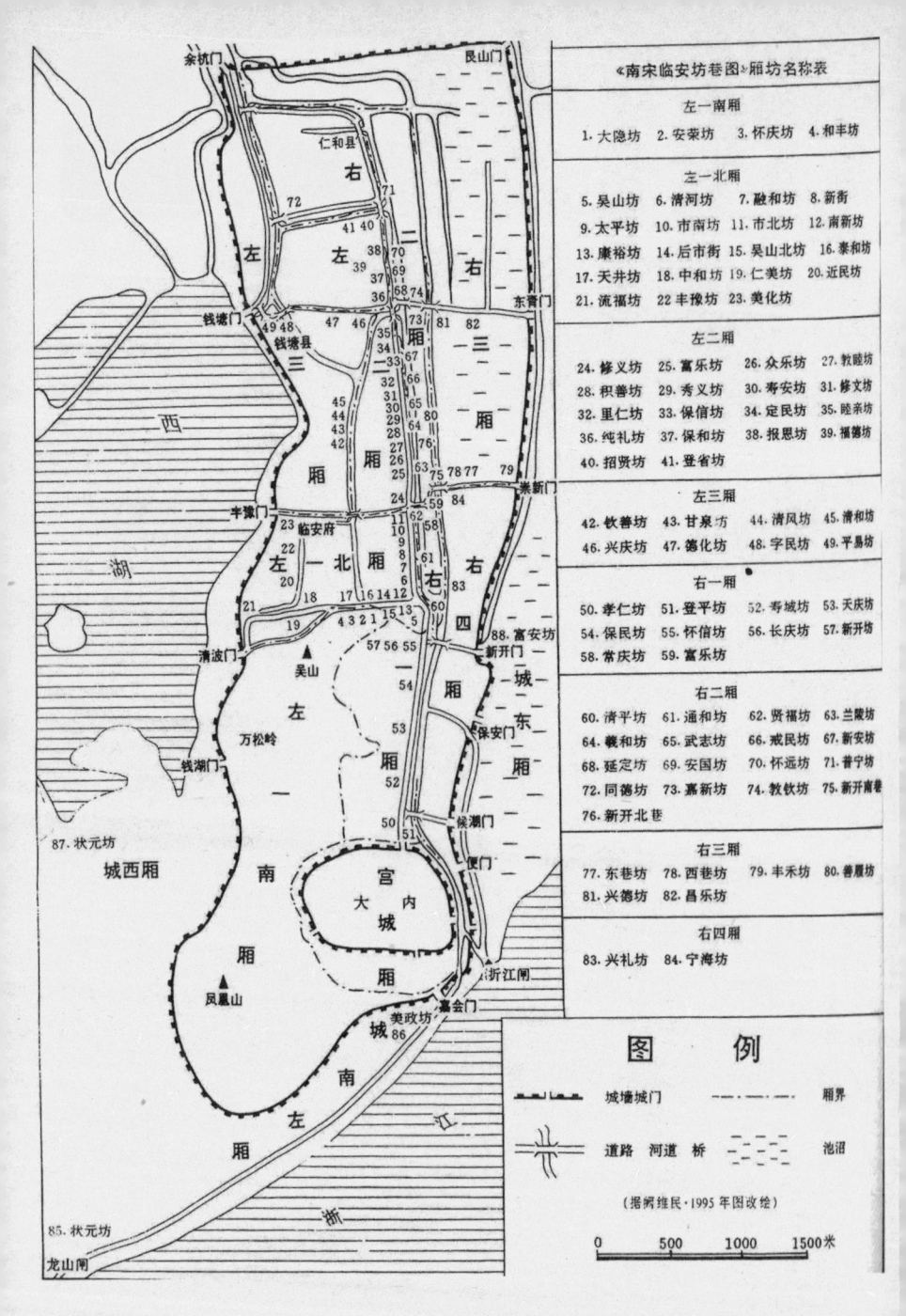

### 左一南厢
1. 大隐坊　2. 安荣坊　3. 怀庆坊　4. 和丰坊

### 左一北厢
5. 吴山坊　6. 清河坊　7. 融和坊　8. 新街
9. 太平坊　10. 市南坊　11. 市北坊　12. 南新坊
13. 康裕坊　14. 后市街　15. 吴山北坊　16. 睦亲坊
17. 天井坊　18. 中和坊　19. 仁美坊　20. 近民坊
21. 流福坊　22. 丰豫坊　23. 美化坊

### 左二厢
24. 修义坊　25. 富乐坊　26. 众乐坊　27. 教睦坊
28. 积善坊　29. 秀义坊　30. 寿安坊　31. 修文坊
32. 里仁坊　33. 保信坊　34. 定民坊　35. 陆亲坊
36. 纯礼坊　37. 保和坊　38. 报恩坊　39. 福惠坊
40. 招贤坊　41. 登省坊

### 左三厢
42. 钦善坊　43. 甘泉坊　44. 清风坊　45. 清礼坊
46. 兴庆坊　47. 德化坊　48. 字民坊　49. 平易坊

### 右一厢
50. 孝仁坊　51. 登平坊　52. 寿域坊　53. 天庆坊
54. 保民坊　55. 怀信坊　56. 长庆坊　57. 新开坊
58. 常庆坊　59. 富乐坊

### 右二厢
60. 清平坊　61. 通和坊　62. 贤福坊　63. 兰陵坊
64. 羲和坊　65. 武志坊　66. 戒民坊　67. 新安坊
68. 延定坊　69. 安国坊　70. 怀远坊　71. 普宁坊
72. 同德坊　73. 嘉新坊　74. 教钦坊　75. 新开南巷
76. 新开北巷

### 右三厢
77. 东巷坊　78. 西巷坊　79. 丰禾坊　80. 善履坊
81. 兴箔坊　82. 昌乐坊

### 右四厢
83. 兴礼坊　84. 宁海坊

### 图例
城墙城门　　厢界　　道路 河道 桥　　池沼

（据赐维民·1995年图改绘）

0　500　1000　1500米

（图片来源：周峰主编：《南宋京城杭州》附录）

# 临安客

马逍遥 著

陕西师范大学出版总社

图书代号 SK24N0958

**图书在版编目（CIP）数据**

临安客 / 马逍遥著. -- 西安：陕西师范大学出版总社有限公司, 2024.8. -- ISBN 978-7-5695-4536-4

I. K820.442

中国国家版本馆 CIP 数据核字第 2024JD9404 号

## 临安客
马逍遥 著

| 出 版 人 | 刘东风 |
| --- | --- |
| 出版统筹 | 侯海英 曹联养 |
| 策划编辑 | 付玉肖 刘宇龙 |
| 运营编辑 | 马康伟 |
| 责任编辑 | 张爱林 马康伟 |
| 责任校对 | 付玉肖 |
| 封面设计 | 张景春 |
| 版式设计 | 东合社·安宁 |
| 出版发行 | 陕西师范大学出版总社 |
|  | （西安市长安南路 199 号　邮编　710062） |
| 网　　址 | http://www.snupg.com |
| 印　　刷 | 陕西龙山海天艺术印务有限公司 |
| 开　　本 | 787 mm×1092 mm　1/32 |
| 印　　张 | 7.25 |
| 字　　数 | 200 千 |
| 版　　次 | 2024年8月第1版 |
| 印　　次 | 2024年8月第1次印刷 |
| 书　　号 | ISBN 978-7-5695-4536-4 |
| 定　　价 | 45.00 元 |

读者购书、书店添货或发现印刷装订问题，请致电（029）85216658　85303635

贪啸傲,任衰残。不妨随处一开颜。
元知造物心肠别,老却英雄似等闲。
——陆游《鹧鸪天》

# 前言

临安人日常消遣的绝佳去处非西湖莫属。春则花柳争妍，夏则荷榴竞放，秋则桂子飘香，冬则梅花破玉、瑞雪飞瑶，更有游桡画舫，棹讴堤唱，顾以官酤喧杂，游人如织，赏心乐事，其乐无穷。

四季可赏的美景，自然要配令人垂涎的美食。西湖边有好几家出名的餐馆，家家都有拿手好菜，吃羊肉要去李七儿的店，吃血肚羹得到宋小巴家吃，上等的乳酪必去王家买……其中最驰名的小吃，当数宋五嫂的鱼羹。

宋五嫂一家原在东京街头开店，靖康之难时辗转来到临安，在西湖边重操旧业。淳熙六年（1179），退位为太上皇的赵构乘舟游览西湖，至钱塘门外已近正午，一行人腹中饥饿，便点了宋五嫂的鱼羹，宣她上船进献。赵构一尝，色泽鲜亮、味似蟹肉的鱼羹果然鲜嫩可口，又念其同为东京故人，赏了她金钱十文、银钱百文、绢十匹，命她时常向德寿宫进送。宋五嫂鱼羹由此声名远扬，引来富家巨室争相购食。

羹虽如此，人何以堪？

绍兴八年（1138），赵构升临安府为行在（或称行都），成为南宋实质意义上的都城，但官家绝不会主动承认这一点，他的父兄、妻女等所有亲友尽被金人掳去，他的国家、故土饱受战火摧残，他必须向天下臣民做出迟早要收复河山、重整基业的姿态。可赵构心中所想的并非迎回父兄、收回失地，作为历史上创业过程最凶险的君主之一，从被抛弃的人质到过河的卒子，再到渡海南奔朝不保夕的逃难者，他终于耗尽心血将这个偏安一隅的政权在临安扎下了根。自此伊始，临安城就像一个巨大的黑洞，无限向外吸取延伸扩张，有多少故事诉说在这里，就有多少梦想破碎在这里。

绍兴二年（1132），年近五旬的李清照来到临安，这样一位誉满天下的才女，带着亡夫留下的少数金石文物，满身伤痕。物是人非，来临安前她已经失去了故园、挚爱和无数价值连城的金石，定居临安后她又即将失去身为女性的名节，甚至连引以为傲的才情居然也被一个乳臭未干的黄毛丫头用"女子无才便是德"无情抨击。这是李清照的"人生要经受几番洗礼，才可以不害怕失去"。

绍兴十一年（1141）腊月二十九，有人欢庆着临安的新年，有人含冤在这一夜死去。岳飞永远不能理解赵构对议和的执着，就像赵构同样不能理解岳飞对北伐的执念，可被害的永远只是臣下，仰天长啸壮怀激烈的一代人，必欲直捣黄龙府与诸君痛饮的一代人，他们的生命终于还是在那个临近年关的极寒之夜被无声地画上句点。这是岳飞的"谁人更唱满江红"。

绍兴二十四年（1154）三月初九，二十三岁的张孝祥顶着"天上张公子，少年观国光"的无上美誉走进集英殿，去迎接那意外获得的状元头衔，但这并不能算作幸事，他不仅因此得罪了老奸相秦桧，还永远失去了爱情和暂得的名声。直到在君臣博弈中被当作敲打他人的旗子无情抛弃，他总算明白仕途不过就是这个样子，但人生还有更高的境界，于是他勇敢发出了"我欲乘风去，击楫誓中流"的堪称南宋最强音的主战声音。这是张孝祥的"人间不失格"。

少年的意气如一杯浓香的烈酒，那滋味足够让人回味一生。陆游年轻时自信可以上马击狂胡，下马草军书，但他辗转多年居然只留下一个细雨骑驴入剑门的憔悴身影。但男人的事业应在马背上、在沙场上，他向往的永远是"楼船夜雪瓜洲渡，铁马秋风大散关"。这是陆游的"等风来，不如追风去"。

绍兴三十二年（1162），辛弃疾第一次走进临安，他的传奇故事比他更早到达这里。千里南归，浴血擒贼，他原本认为南归朝廷将是他日后北伐生涯的起点，殊不知当他踏入临安城后军旅生涯便宣告终结。人中之杰，词中之龙，文能提笔安天下，武能上马定乾坤，无数的荣耀、政绩，并不能帮他迎来一次北伐的机会。这是辛弃疾的"风流总被雨打风吹去"。

一场意外的大火，把定居临安的词人姜夔生生烧成了穷光蛋，在烟雾中独自流泪的姜夔终于意识到，所谓才华横溢并不能帮他挽回什么。失去了挚友兼金主的扶持，浪荡一生的他并不能在寸土寸金的临安生存下去，虽然他原本的住所已经很廉价，如今却只能搬到城外更廉价的马塍，还得咬牙安慰自己：生活本就是这样，哪有什么山重水复、柳暗花明！这是姜夔的"我们都在用力地活着"。

多年苦读圣贤书的文天祥给自己取了一个极见期许的别号：文山，状元及第的他不缺少才华，更不缺少只手擎天的勇气，时代自然给了他机会，不过不是以千古贤相的身份，而是以亡国士大夫的姿态坚强地挺起大宋最后的脊梁，这铸成了民族的图腾和历史的符号。曾经仰慕的许许多多在青史中闪闪发光的名字都在那篇《正气歌》中一一呈现，文天祥自己也将迎着一股昂然正气，迈入千古圣贤的行列。这是文天祥的"何为圣贤"。

从赵构定都临安至大宋亡于崖山，李清照、岳飞、张孝祥、陆游、辛弃疾、姜夔、文天祥是南宋百余年最具代表性的历史剪影，在这块天崩地裂的土地上，他们各自从不同方向勇敢地挑战命运，生存、抗争、政治理想、艺术造诣燃烧了他们的灵魂。虽然这个全面退缩的时代拒绝了他们的热情，他们却没有泯灭精神志向，这正是书中所有故事弘扬的主题。命运总是强硬地闯到他们本就摇摇欲坠的信念面前，带着尖锐刺耳的声响，提醒他们过往经历的种种伤痛，而那些关于梦想的、关于青春的、关于建功立业的故事，统统留在了临安。

# 目录

**序章** / 001
临安，临安

**李清照** / 025
人生要经受几番洗礼，才可以不害怕失去

**岳飞** / 053
谁人更唱满江红

**张孝祥** / 081
人间不失格

**陆游** / 109
等风来，不如追风去

**辛弃疾** / 137
风流总被雨打风吹去

**姜夔** / 165
我们都在用力地活着

**文天祥** / 191
何为圣贤

**参考资料** / 217

**后记** / 221

# 序章 临安,临安

## 一

正月的大海像一面寒光乍泄的镜子，坐在船上相顾无言的君臣都从烟波渺渺的縠纹中看到了各自失魂落魄的模样。船队向南行驶三十里外，海风陡然猛烈起来，裂石穿云般呼啸而至，船只无法在狂飙疾转的怒涛上驱走，只好下锚原地停泊。

出海仅半月，三千人组成的船队就陷入了缺衣少食的困境，从宰相到近卫班直人人都穿草鞋，只有赵构还蹬着一双像样的靴子，皱皱巴巴的龙袍勉强维持着皇帝的基本尊严。

一股极度压抑的气息悄然在船上蔓延开来，寒风凛冽，吹得众人愈发萎靡不振，大家只好各自裹紧身上单薄的袍服，咬牙强忍风刃直刺五脏六腑的痛苦。

物资奇缺的极端窘迫中，谁也不敢公开抱怨，因为高高在上的官家同样饿着肚子，抗着寒风，还得拼命克服风声鹤唳的内心恐慌，努力装作一副若无其事的模样。

建炎三年（1129）七月末，金国调集三路大军南侵，南宋脆弱的淮河防御线很快被全面突破，金军统帅完颜宗弼（兀术）对外发出号令，就是搜山检海、掘地三尺也要生擒赵构，彻底终结赵宋王朝的国祚。

这应当算是南宋建国以来最危急、最艰难的时刻，慌不择路的赵构从前线仓皇南逃，不得已入海避祸。建炎四年（1130）的除夕，赵构一行人就是在海上度过的。颠沛流离中，恐金情绪与旦夕存亡的焦虑拉扯纠缠，惊涛骇浪般冲击着心灵的堤坝，连梦里都塞满了金人呼杀之声。

这些噩梦，充斥着逃亡者的恐惧及殉难者的血泪，溢满了伤心的诀别和更甚于其他痛苦的寂寞。当身后的故土被忧愁、危险的迷雾染成灰色的时候，头顶的太阳仿佛还茫然无知地照耀着海面，好像一个由种种恐惧心理幻化而成的怪物正居高临下地四处窥探。

大年初三，彻底断粮的船队被迫在台州章安镇金鳌山靠岸，赵构饿得头晕眼花，不得不跟跄着冒险下船，步行至山上一处寺庙觅食。国难当头，家家户户都没有余粮，僧人们手忙脚乱地给官家进献了五张炊饼（类似蒸饼或馒头），赵构一口气吃下三张半仍意犹未尽。

好在天无绝人之路，江淮发运副使宋辉从秀州运送粮米八万余石、绢十余万匹、钱十余万贯途经此地，这才解了船队物资断绝的燃眉之急。赵构心情大悦，宣布在章安镇驻跸休整。

元宵节当天，有两艘贩卖橘子的商船到章安镇避风，赵构自掏腰包，将两船橘子全部买下分给众人食用，天黑后又仪式感满满地让众人把香油灌进橘子皮里，点亮后放到海上，一时风息浪静，水波不兴，数万点火珠荧荧出没沧溟间。本地百姓见海上灯火漫漫，纷纷登上金鳌山观灯——恍惚间似有几分与民同乐的味道。

稍纵即逝的欢娱最能撩拨逸若山河的羁旅之思，元宵佳节汴梁城灯山上彩、歌舞升平的景象又一次浮现在赵构眼前，那是他再熟悉不过的，承载了太多美好时光的记忆。

冬至日伊始，皇城正门宣德门外便架起一座数丈高的灯山，到了正月初七，灯山上五颜六色的彩灯依次点亮，对着皇城的那一面最是斑斓锦绣、错彩镂金，光是为每盏灯添油续火就耗费颇巨。点灯人吊着绳索从上到下添一遍油，点一遍灯，添点完后顶楼灯油又快烧光了，于是只好从头再来，无止无休。

灯山旁会搭建起三个横向并排而列的大彩门，中门上书"都门道"，左右两门书"左右禁卫之门"，三门之上高高竖起一个大木牌，上书"宣和与民同乐"。灯山左右以彩帛扎成文殊、普贤二菩萨，跨青狮、白象，各于手指处暗藏机关，随指尖摇动喷射十道水柱。灯山的最高处设有木制的大水柜，先用辘轳绞水，把水抽到水柜中存储，每隔一段时间就把水倾倒出来，好似瀑布飞流直下。左右两侧还用草扎成龙的样式，龙身用青布包裹，青布下的草节儿内暗藏数万盏灯烛，远远望去就像两条蜿蜒飞翔的神龙。

正月十四日晚，诸皇子、妃嫔会跟随官家准时抵达灯山观景，随后登上宣德楼与民同乐。数十万盏彩灯高低闪烁，亮如白昼，御街两侧的长廊下奇术异能、歌舞百戏喧嚣雷动，击丸、蹴鞠、踏索、上竿、赵野人倒吃冷淘、张九哥吞铁剑、李外宁药法傀儡……尤其是宣德楼下用枋木垒成的一座露天大戏台，教坊、钧容直和宫廷优伶[1]在舞台上轮番表演各种杂剧，插科打诨、包袱连连，经常逗得台下观众山呼万岁，欢乐之声响彻整座汴梁城。

如今官家带着赵氏皇族北狩[2]去了，火树银花、星桥铁锁的百里灯景也不复存在了，甚至连生于斯长于斯的汴梁城都几成废墟，只剩一干君臣在金鳌山上苦中作乐、强颜欢笑的落寞。三日后，金人入海搜捕的消息传来，赵构立即下令起锚，南逃温州。

历时数月的海上逃亡总是在金人追、赵构逃的剧情中反复上演，最危急时金人入海的追击部队距离赵构仅有一日的里程，若非天公作美让金人遇到一场大风暴，后又遭到宋军张公裕部的拦截不得已返航而去，很难保证赵构不会沦为金人的阶下之囚。

　　船只急速行驶在并不平静的海面，沿途所见的岛屿、山峦时而清晰，时而模糊，很快都被远远甩在身后。所有人都能从官家面黄肌瘦又故作乐观的表情中看到深入骨髓的恐惧，但他们还是不得不对官家强大的心理抗压能力表示钦服。他那强有力的缄默充塞着简陋狭窄的船舱，被逼入绝境后才能迸发出的异样威严，此刻正在赵构脸上完全铺展。

　　赵构同样也在审视这帮跟随自己苦熬日子的臣子，他能够切身体会到众人情绪的低落和对前途的迷惘，但更多的还是提防，毕竟他已经遭受过太多次背叛。如果可以选择，他宁愿在汴梁当个衣食无忧的亲王，也不愿当这种过了今天没明天的悲催皇帝。

## 二

　　宣和七年（1125）末，从北方草原呼啸而来的女真铁骑，踏破了山河的宁静，踩碎了大宋官家盛世帝王的美梦，徽宗赵佶终于无心经营他那填满美石异木的艮岳园林，极不负责地丢下被他挥霍二十余年早已摇摇欲坠的江山社稷，将皇位硬塞给了太子赵桓，然后带着一干亲信逃往江南。

　　退位后自称教主道君太上皇帝的赵佶可谓深谙帝王心术，

一旦汴梁不保，牺牲的只是赵桓，况且赵佶本就不爱这个优柔懦儒的长子，他爱的是神形皆类己的三子赵楷。多年来，盛世帝国的九五至尊随心所性地开枝散叶，却极少给予枝叶必要的呵护，除了赵桓和赵楷，赵佶还有二十九个儿子，九皇子赵构就是其中最没存在感的一类。

赵构的生母韦氏本是一名相貌普通的宫女，偶然被临幸怀孕生子，随后母子俩迅速被官家遗忘。直到赵构十九岁那年，金人包围了汴梁，狮子大开口索要巨额赔款，还必须送来亲王、宰相各一人为质。在商讨赔款、挑选人质的御前会议上，或是出于初生牛犊的无畏，又或是对金人的残暴本性缺乏必要的认知，赵构从人群中主动站了出来，表示愿意为社稷赴汤蹈火。

临行前，赵构颇为凛然地向皇兄表示，如果想到什么办法能打退金人，只管放手去做，千万不要顾虑自己的安危。

确实没人顾及他的安危。使团还没迈出城门就被主持城防的兵部侍郎李纲拦下，不由分说扣下了和议条款中关于割让北方三镇（太原、河间、中山）的诏书、舆图，强行给和谈设置障碍，为勤王部队争取时间。谈判期间，赵桓又听信勤王将领姚平仲的建议夜劫金营，金军统帅完颜宗望（斡离不）大怒，立刻将赵构等人质押到帐前问罪。

骤闻变故，副使张邦昌痛哭求饶，表示绝不知情，皇兄的无情做派让赵构心情复杂，可他至少还能保持大宋皇子应有的气节，任凭完颜宗望如何威胁，始终不发一言。

完颜宗望不免对赵构的身份愈发怀疑，皇子身陷囹圄还敢发动夜袭，明显是不把人质的安危放在心上，加之赵构先前在金营比武场连射三箭全中靶心的表现过于惊艳，[3]完颜宗望料定此人必是宋朝皇帝派来顶锅的冒牌货。

这一误判阴差阳错地拯救了赵构。很快，完颜宗望就让赵构离开了金营，人质替换为五皇子赵枢。当赵构如民族英雄般平安返回汴梁时，赵枢已跟随金军北归，最终老死北方。

靖康元年（1126）八月，金人撕毁合约再次南下，危急关头，赵构又一次"光荣"受任告和使，前往金军大营求和。

如果说首次出使还心怀大宋皇子奋勇当先的积极性和奉献精神，二次出使究竟是当仁不让还是骑虎难下？是主动献身还是被迫出行？史书并未给出明确解释，但炮灰的境遇、完颜宗望的嘶吼、金军的凶残粗野，甚至深夜熊熊燃烧的篝火、冲天而起的狼烟，显然在赵构心中留下了不可磨灭的印象。一行人抵达磁州时，赵构突然毫无征兆地停了下来，接着又神不知鬼不觉地折返回相州，静观局势变化。

很快，汴梁告急，赵桓只好派人冒死突围到相州，晋升赵构为天下兵马大元帅，并用恳切哀婉的御笔亲书向弟弟倾诉衷肠："京城围闭日久，康王真朕心腹手足之托，已除兵马大元帅，更无疑惑，可星夜前来入援。"

当信使从发簪中取出蜡丸传达旨意后，赵构仅是像模像样地哭了一番，然后"奉旨"开大元帅府，招募义勇流卒，并以"分兵勤王"的名义移屯大名府，继而向东逃至东平府，与汴梁的距离越拉越远，家国社稷、父兄亲情在危急存亡的现实面前苍白得不成样子。

靖康二年（1127）四月，金人押着徽、钦二帝及后妃、皇亲、官员、工匠等一万四千余人北去。这些人中，既有赵构的亲生父母、兄弟姐妹，也有赵构的一妻两妾五个女儿。

黑色的风暴横扫汴梁城的每个角落，几乎将大宋连根拔起，只有赵构成为这场天崩地裂的灾难中唯一的幸存者，更是终极获利者。他不大可能丧心病狂地希望金人灭亡自己的国家，掳走自己的亲人，可他显然还没忘记彼时出使金营的遭遇，以及太上皇返京后与皇兄的种种龃龉。

曾经，得宠的佞臣们揣摩圣意，以为偏心眼的官家不爱太子，便总想动摇东宫之位。后来，隐忍窝囊的太子保住了汴梁，太上皇很欣慰，当初把烂摊子丢给太子，还在江南私自截留北上勤王的部队，他内心并无一丝愧疚，毕竟多年间时时事事对太子拿捏，太上皇乐观地认为送给儿子的皇权将重新收回，先前丢失的君望也将一并重塑。

然而，当赵佶自信地踏进汴梁城，立时就落入儿子设好的圈套。为防太上皇复位，赵桓安排父亲住进龙德宫[4]，并将其亲信侍卫、宫女、宦官全部贬黜出宫，美其名曰让太上皇颐享天年，实际上形同软禁。

愤愤不平的太上皇不堪受辱，扬言要去洛阳募兵，还想去亳州给道教鼻祖老子进香，甚至要求赵桓跟自己一同撤离汴梁，无一例外全被赵桓拒绝。

天宁节（赵佶生辰）当日，赵桓前往龙德宫祝寿，太上皇亲手给儿子斟了杯酒，赵桓居然害怕酒里有毒，冷冷推辞而去，留下大受刺激的赵佶哀声痛哭，他终于明白当初撕裂亲情设下的道德鸿沟，哪是一杯酒能够填平的。

赵桓想必同样深有体会，他明知赵构身陷敌营还要刺激金人"撕票"，和父皇的做派并没什么本质差别。作为徽宗的好儿子、钦宗的好弟弟，赵构如果英勇地率领一帮乌合之众抗金，要么死在驰援汴梁的战场上，要么在追击金军途中兵败被俘，随父兄一道押归金国，那么煌煌史册中会留下一个忠孝纯仁的皇子形象，这般伟岸的身影足以换来许多眼泪。

但赵构不想去做螳臂当车、飞蛾扑火式的无谓牺牲，也没人有资格强迫他杀身成仁、舍生取义。作为大宋唯一幸免于难的正牌皇子，他只求点燃残存的星星之火，将国祚延续下去。

靖康二年（1127）五月一日，赵构在应天府继位，改元建炎，成为南宋的开国之君。这一年，他二十一岁。

## 三

风雨飘摇、朝不保夕的日子,每一分每一秒都是煎熬。

随着金人步步紧逼,赵构从应天府一路南逃,最终在杭州暂时停下了脚步。这是柳永笔下"烟柳画桥,风帘翠幕,参差十万人家"的繁华之地,可惜景色虽好,人也无心关注。仓皇溃逃的心理阴影还未消散,萧墙巨祸已在禁军愤恨赏罚不公的眼神中孕育而出。

建炎三年(1129)三月初五,御营司[5]将领苗傅、刘正彦利用诸将不满以内侍省押班康履为首的宦官骄恣用事、妄作威福,悍然发动兵变,先杀御营司都统制王渊,然后拥兵至行宫北门大肆捕杀宦官,赵构大为惊骇,只得登上城楼接见兵变将领。

苗傅不由分说,痛斥赵构亲信奸佞,以致国事颓唐、山河沦丧,要求赵构尽诛宦官,并传位给三岁的皇太子赵旉,否则便要武力闯宫。

苗傅之父神宗年间任殿前都指挥使,刘正彦其父徽宗年间任熙河路经略使,二人均蒙恩荫在御营任职,资历不可谓不深,宠信不可谓不厚。南渡杭州后,出于对二将的信任,赵构将韩世忠、刘光世诸将调至建康府至秀州一带防御金人南侵,唯独留下苗、刘二人所率的御营军马护卫行宫。

在苗、刘二人的军事威逼下,赵构被迫当了一个月的太上皇,唯一的亲生儿子赵旉也间接死于这场兵变。[6]

外有追兵、内逢兵变、痛失爱子,一连串的打击让赵构身心俱疲,起居郎胡寅还公然上疏批评,说当年官家以亲王介弟身份就任兵马大元帅,明知先帝北狩,早应该挥师北伐、迎回二圣,如今官家既不愿迎归父兄,又不去收复河山,却只想偏安一隅、苟且求生!

为鼓舞士气,赵构又强打精神从临安[7]前往建康府驻跸,算是勉强回应了胡寅的批判。七月,金人集结三路大军再次南侵,所到之处但见望风而降者,疲于应付的赵构只好铺开纸笔,写信向金国都统帅完颜宗翰乞和。

在信中,赵构首次将"大宋皇帝构致书大金元帅帐前"降格改称"宋康王赵构谨致书元帅阁下",明显表达出削去帝号、俯首称臣的意愿,还阿谀金人南侵是大国征小邦,小邦三年三迁,局天蹐地,无所容厝;完颜宗翰谋略如神,威权不世,用兵之妙堪比上古黄帝;恳求宗翰恢宏远之图,念孤危之国,回师偃甲,放小邦一条生路。

完颜宗翰看完书信,面无表情地让宋使转达意见:求和可以,只要康王亲来军营投降,万事好说。于是那份声泪俱下的乞和书,立时成了自取其辱的过期废纸。

金军统帅完颜宗弼亲自统兵渡江而来,必欲生擒赵构而后快。求和没希望，赵构留下心腹重臣杜充率十万余众镇守建康，随即率一干臣子从前线退回临安，旋即又向南来到越州。

存亡之际，赵构指望着杜充能像他自己说的那样庶竭驽钝，攘除奸凶，结果驻跸越州仅仅两月，前线就传来一则令人错愕的战报：被赵构誉为"徇国忘家，得烈丈夫之勇；临机料敌，有古名将之风"的杜充弃城北逃，朝廷精心构筑的建康防御体系全线崩溃！

赵构只好听取宰相吕颐浩进献的入海之策[8]，从越州逃至明州，枢密院提领海船张公裕已事先调集好船只。然入海逃难的消息一出，又差点引发兵变。

由于事先准备的船只仅有五十艘，根本不够乘载御营司全体将士，赵构与吕颐浩商定，一名侍卫班直只能携带两名家属上船，这就意味着无法兼顾父母妻儿全家老小，众人深感不满，又聚在一起向朝廷讨要说法，甚至对吕颐浩拔刀相向。

赵构忍无可忍，一年来军将背叛、武夫哗变的现象让他长期积压的熊熊怒火在胸腔中炸裂开来，为防延误出海行程，赵构抖擞战意披挂上马，从后苑冲出，手执硬弓连发两箭，射死两人，又以雷霆之势处死了带头闹事的部分军将，众人见官家如此骁果，只得乖乖就范。

一行三千多人匆匆忙忙从行宫往港口进发，刚走到半路，御前右军都统制张俊又派人来讨要海船，扬言要扈从入海护卫官家。赵构让来人告知张俊没有多余的海船,命他驻守明州抗敌。但张俊拒不执行命令,赵构不得不停在道边,亲笔给张俊写信:"惟卿忠勇,事朕有年。朕非卿则倡义谁先?卿非朕则前功尽废。卿宜勠力共捍贼兵,一战成功,当封王爵!"

有了封王的保证,张俊才勉强同意留在明州抗金。待官家一走,张俊却以"清野"为名,在明州城内外纵兵掳掠,致使环城三十里皆遭其焚劫。

建炎四年(1130)正月,曾被寄予厚望的杜充易旗降金,成为南宋第一个投降的宰相。尽管叛乱、投敌之事几乎每天都会在各地发生,可赵构还是难过地说:"朕待杜充如此恩重,让他从庶民一直做到宰相,将十万重兵托付于他,可他是怎么对朕的!"

人生的至暗时刻,赵构不确定能否把自己拉出深渊,他可能想到先祖赵匡胤。从创业的艰苦程度看,赵构可比先祖困难不知多少个档次,北宋建国是黄袍加身,南宋这袭黄袍却不一定能穿到明天。面对眼前万顷波涛和身后如狼似虎的金人,这个对外俯首称臣、对内忍辱负重的皇帝,正驾驶一艘残破不堪的大船,试图穿过惊涛骇浪,跨越天堑沟壑,还要顶着铺天盖地的批判和屡遭背叛的屈辱把大船驾稳。当此之时,谁又能真正走进这个饱经磨难的官家内心深处,读懂一个高处不胜寒的灵魂如何自我拯救?

# 四

君臣一行从海上重返临安，是在绍兴二年（1132）正月。

金军攻陷明州后，曾入海三百里追击赵构，不巧遇上大风暴被张公裕击败。劳师远征，战线过长，完颜宗弼颇为懊丧地宣布完成"搜山检海"的预定目标，从明州率军北返。

临行前，完颜宗弼下令焚城，遍州之地，深山穷谷，平时人迹不到处，皆被金人搜剔焚掠，几成废墟；至临安，焚城三日夜烟焰不绝；到平江，掳掠金帛子女既尽，乃纵火燔城，烟焰见百余里，火五日乃灭……国家之难、社稷之祸，前所未有的时代创伤，像是一根深深扎进大宋子民心中的巨刺，疼痛与疼痛，脆弱与脆弱，让人对野蛮的原始暴力充满恐慌，甚至不敢称虏为贼。

听闻金军撤走，赵构才从温州泛海北归。这段海上逃亡经历始于建炎三年岁末，干支纪年为己酉，史称"己酉航海"，刻意隐去了逃亡的字眼，算是给君臣留了些脸面。

重回临安的赵构却没有劫后余生的喜悦，金人南侵不仅重创了大宋官家应有的人格、尊严和雄心，也让这座繁华富饶的城市惨遭兵燹，于是一种缥缈的哀愁和一种活着本身自带的轻松感受海天一线似的融合起来，为南渡君臣筑起一座遮风避雨的精神家园，还有一个介于忘却屈辱和怀念故土之间的心灵港湾，快乐成了奢侈空洞的东西，被不可抗拒的生存认知彻底抛弃了。

赵构决定在坐落于凤凰山东麓的原杭州州治（即临安城南）营建行宫。鉴于州治旧址残破不堪，无法容纳百官办公，修内司提出造屋三百间，赵构直接砍掉三分之一，号召一切营建因陋就简，不得铺张。

宋尚火德，又称"炎宋"，照例宫墙当以红为主色调，无奈财力有限，粉刷宫墙连油漆都用不起，只能以红土代替；月余即成的房屋皆以茅草为盖，侍臣立于廷中奏事必须低头，以免幞头触到屋顶的茅草；由于墙体单薄，害怕突然倒塌，只好边用边加固。

由于大殿太少，最初建成的大庆殿便具备了一殿多用的功能，正朔大朝称大庆殿，祭神祀天称明堂殿，进士唱名称集英殿，庆贺寿辰称紫宸殿，宣布重大人事任免称文德殿，随时所用，则易其名，换块牌子罢了。至于枢密院、三省六部、秘书省等官衙省枢，也只在皇城北门和宁门外的旧宅或寺庙旧址上修葺而成，并无任何额外营建。

草创之日，赵构号召群臣在临安经营宅邸、置办产业，等于释放了一个政治信号：朕不想走了，诸位好生在此安居乐业吧！

南宋王朝终于在悠长的苦难岁月里扎下了根。但削夺武将兵权的种子，也悄然在赵构心中疯长，一幕幕往事又升腾起来，从坟墓中裂出。将帅拥兵自重，浸成跋扈，凌轹官民，动辄反叛，若放任自流，势必重蹈唐末五代藩镇割据、武夫乱国的覆辙。

密雨在临安上空酝酿着，迷蒙灰暗的天际电光闪烁。翰林学士汪藻直言不讳地提出"驭将三说"：今陛下诸将，仓卒之时可夺其兵权而指挥其部属乎？战胜之时可收其精兵而用以自卫乎？立大功之时可夺其全军而使其归镇乎？[9]这极富深意的灵魂三问，闪电似的划过赵构的意识深处，尖锐地刺破了朝廷外强中干的窘境。

赵构相当清楚，建炎、绍兴之交，出于平寇戡乱兼抵御金人入侵的现实需求，南宋军事格局逐渐形成五大军区，具体为：左护军刘光世统辖淮西军区屯庐州、前护军韩世忠统辖淮东军区屯楚州、中护军张俊统辖江东军区屯盱眙、后护军岳飞统辖荆襄军区屯鄂州、右护军吴玠统辖川陕军区屯兴元府，各带甲数万至十余万，足以护卫临安城中的官家偏安一隅，只是某时倘若军中出个韩信一般鼎足天下的骁将，真不知那时该如何处置！赵构忧心如焚。

宋制，从中央二府（枢密院、中书省）到地方监司乃至州县的长官均由朝廷派遣文官担任，如今各军区将帅不仅有权自行选拔官员僚属，甚至违反国策兼并土地，私自截留各地官营的酒库、典库、回易库、公使库及其税课、息钱，巧立名目大肆加征百姓赋税，[10]纷纷积累起庞大的家财。

最为赵构倚重的"中兴四将"中，张俊热衷海外经商，刘光世醉心长途贩运，韩世忠妻妾成群、挥金如土，以至后期解除兵权时朝廷从三人治所共计收回数百万贯钱，足见诸将积累之巨。

扩军自肥只是隐忧，军队私人化才是心腹巨患，韩世忠的韩家军、张俊的张家军、刘光世的刘家军、吴玠的吴家军，当然也包括岳飞的岳家军，如此强大的家军体制不仅让藩镇割据的形势日渐严峻，更使得大宋重文轻武的国策成了摆设。在宠信与提防之间，赵构选择虚与委蛇，于是挥师北伐的壮志经常被偏安求和所压抑，民族精神始终被铁石心肠的政治内幕所践踏，只剩下"莫等闲，白了少年头"的悲切。

绍兴八年（1138）末，宋金第一次达成和议。宋向金称臣，意味着赵构必须跪在金国使臣面前接受册封诏书，这引发以岳飞为首的主战派将领强烈不满。主管殿前司公事杨沂中等几位军界要员联名给宰相秦桧送来一份意见书，并抄送御史中丞大倒苦水：今三大将（张俊、韩世忠、岳飞）驻防在外，日后他们倘若指责我等宿卫之臣让官家屈膝接受蛮夷诏书，我等不知该如何应对。赵构同样满腹牢骚，从来都是别人跪自己，如今众目睽睽之下，居然要给亡国灭家、不共戴天的仇人下跪，想想总难免义愤填膺，纠结再三，只好叫来宰辅一通抱怨："倘若当时在海上能达成和议，朕就是跪下磕一百个头，也不会有那么多说辞！"

迫切寻求共情的赵构痛恨臣子们根本不体谅他的苦衷，但自家皇帝给敌国下跪，多少还是有些自掉身价。原本众臣商定的对策是将列祖列宗的画像挂出来，让金使在画像前宣诏，这样可以解释为跪拜祖宗，顺带接受诏书，可再一斟酌又觉不妥，如此岂非既跪了金人，又让金人成了祖宗？还是给事中楼炤见多识广，他援引《论语》"谅阴三年不言，百官总己以听于冢宰"所载，借口官家正在给徽宗（死于绍兴五年）守丧不问政务，最终由宰相秦桧代替官家跪在金人面前接受了册封。

群情激愤之中，赵构不得不表明立场，向天下臣民解释说为了尽早迎回父皇棺椁及母兄至亲，甘愿受此奇耻大辱。然而宋金和议中却只字未提钦宗赵桓，金人也颇为默契地表示绝不放归除赵构生母韦氏以外的任何皇室宗亲。

金人相当明白赵氏兄弟关于皇权归属的罅隙便是他们的机会所在。一旦日后对宋征战不利，就让赵桓去汴梁成立傀儡政权，赵构毕竟是当弟弟的，于情于理不能和他亲哥哥争斗。

反观赵构如此急于向金求和，除去褫夺武将兵权的现实需求外，还必须避免金人把兄长变成傀儡或是让兄长回到江南，倒不是怕赵桓回来争夺帝位，毕竟他重建大宋王朝的威望与根基，绝非赵桓所能比拟，但元懿太子赵旉病亡后始终无子是他必须正视的根本问题。

不能生育的隐疾，是赵构最脆弱敏感的伤疤，这个伤疤还经常被人揭露。赵旉病亡仅三日，乡贡进士李时雨就提议让官家在宗室中挑选皇嗣，等官家日后再有皇子另立不迟。道理讲得没错，只是有些不合时宜，李时雨立时被深陷丧子之痛的赵构剥夺功名，遣返回籍。

由此开始，尽早立嗣的话题如阴云一般笼罩着南宋朝堂，他们建议官家大公无私，提醒官家正视身体状况，一次又一次挑战官家不育的尊严底线，赵构却不能拒绝接受谏言，更无法出言责备。赵旉去世时赵构才二十二岁，还有大把的时间期望着治好不育之症，可无论如何尝试，不过是徒劳无功的自我安慰罢了。

赵构可以接受无子的宿命，却不能接受哥哥还朝后带回自己的皇子或是再生下儿子，到那时皇位继承人的归属注定只能旁落他人。

绍兴三十二年（1162）六月二十一日，赵构卸下背负半生的重重铠甲，搬进德寿宫退位养老。同一天，其养子宋孝宗赵昚即位，史称"绍兴内禅"。

二十年前，为了尽快与金人达成和议，他处死了岳飞，罢免了"中兴四将"的兵权，彻底终结了武将专权的历史；和议达成后，金人如约放归徽宗的棺椁及赵构生母韦氏，赵桓自然不在考虑之内。

临别之际，双鬓斑白的赵桓跪在路旁死死拽着韦氏的车驾，拼命求韦后给赵构带话："告诉九弟，如果能让我重归故土，哪怕出家做道士都心甘情愿。"他哪里知道，百废待兴的南宋朝堂，根本没有他的位置；日渐兴盛的临安城中，更不会有他的位置。他是活在前朝那段苦难岁月里的一个耻辱符号，早已被选择性遗忘屈辱历史的人们所忽视。

绍兴二十六年（1156），身患重疾的赵桓（56岁）被金国皇帝完颜亮逼迫参加马球赛，结果被乱马践踏至死。可怜赵桓只做了一年零两个月的皇帝，却要承受生前三十年及死后万世不变的耻辱，旧时代至此终于画上了一个并不圆满的句点。

早赵桓一年而死的还有秦桧。曾经，赵构鉴于秦桧劳苦功高，特意把临安城望仙桥东一片宽阔的空地赏赐给他修筑宰相府，还亲笔题写匾额"一德格天"，以示皇恩浩荡。

但皇恩从来都是有保质期的。当秦桧病入膏肓之际，赵构亲临相府看望，彼时秦桧还有一口气在，只是再也说不出话了，他颇为费力地冲儿子秦熺看了一眼，秦熺立即心领神会地向赵构询问："代居宰相者为谁？"

赵构和善的眼神霎时冰冷如霜，只是厌恶地丢给秦熺一句："此事卿不当与！"

次日，赵构宣布秦桧晋升建康郡王，秦熺升为少师，父子二人同时致仕，秦桧最疼爱的孙子秦埙与秦堪一并免官。得知一门被罢，老奸臣当晚便一命呜呼。秦桧一死，赵构就把德寿宫收了回来，并于退位后搬了进去。

直到此时，他才真正有心情重新审视这个在战火中逐渐复苏的城市。与建康府（今南京）相比，它更远离前线；与绍兴府（越州）相比，它承载力更强。当然，任何地理空间、经济文化层面的优势，都不及心理上的安全感更重要。首先，临安城南部地势较高，满足凉爽干燥易排水等日常生活需求之外，便于修筑楼台瞭望城内外情况；其次，宫城南门丽正门外是钱塘江，一旦金军杀奔而来，渡江南逃非常方便；再次，宫城西部及西南部均为连绵不断的山岭，外侧又有西湖的天然屏障，极大减轻了四面城防的压力，而宫城建筑史上特有的南宫北市格局，也利于在城破时为逃亡争取到足够的时间。

五十六岁的赵构欣慰地认为，自己在完成与金和议求得偏安、削夺武将兵权重塑文治传统的功业下，还给后世子孙留下了一个繁荣富庶又相对安全的都城，没有亡国之危，没有颠沛流离的逃难岁月，朝廷政令一出，四方无武将专权之害，就算太祖太宗在世，也只能做到这个地步了吧！相比于父皇赵佶，自己也算问心无愧了吧！

时间注定会抹去一切伤痕，然后再用一种不可思议的力量重新拼接起支离破碎的躯体，感情的负担卸下了，势必要与往事故人挥手告别，心安理得也好，无奈忘记也罢，一段崭新的历史总归要在临安城拉开序幕。自此伊始，临安城就像一个巨大的黑洞，无限向外吸取延伸扩张，有多少故事诉说在这里，就有多少梦想破碎在这里；有多少不甘和愤懑积蓄在这里，就有多少奋争和守望盘亘在这里。

> 注释

[1]教坊、钧容直、优伶：教坊为管理宫廷舞乐的官署；钧容直为宋代从禁军中选拔组成的仪仗乐队；优伶指以乐舞、戏谑为业的艺人。

[2]北狩：皇帝被掳去北方的婉称。

[3]赵构善骑射：史载赵构双臂各能平举一百一十斤的重物，挽弓至一石五斗，达到皇帝近卫班直选拔的最高标准。（脱脱等：《宋史》卷二四）

[4]龙德宫：赵佶原端王旧邸扩建而成，与皇城相连，赵佶退位回京后居住于此，靖康之变后废弃。

[5]御营司：全称御营使司，建炎元年（1127）置，以宰相兼领御营使，统一指挥御营诸军。建炎四年废止，兵权重归枢密院。

[6]赵旉：生于建炎元年（1127），适逢乱世，健康状况欠佳，苗刘兵变中被拥立为帝，兵变平定不久因宫女不慎踢翻铜鼎，受惊悸而死，

被追封为"元懿太子"。赵构此生再未生子,据说是因其驻跸扬州,某夜与宫女行房事时,忽闻金军即将杀到而惊吓过度,由此丧失生育能力。(陶宗仪:《说郛》卷二九)

[7] 临安府:苗刘兵变后升杭州为临安府,绍兴八年(1138)升临安府为行在(或称行都),成为南宋实质意义上的都城。

[8] 入海之策:建炎三年(1129)冬,宰相吕颐浩献策:"今若车驾乘海舟以避敌,既登海舟之后,敌骑必不能袭我。江、浙地热,敌亦不能久留,俟其退去,复还二浙。彼入我出,彼出我入,此正兵家之奇也。"(李心传:《建炎以来系年要录》卷二九)

[9] 驭将三说:"今陛下诸将仓卒之时可奋其符印而易置其部曲乎!于战胜之时可收其精兵而用以自卫乎!于立大功之时可夺其全军而使之归镇乎!臣有以知陛下不能矣。幸今诸将皆龌龊常才,固不足深忌,万一有如韩信者,不知陛下何以待之。"(徐梦莘:《三朝北盟会编》卷一四五)

[10] 当时最严苛的附加税有三种:一是版帐钱(借供应军用而征收的税钱,因按户籍立帐,故称版帐钱),二是月桩钱(为支应军饷而加征的税款名目,因系计月桩办钱物,故称月桩钱),三是总制钱(卖酒钱、印契钱、头子钱等附加税的总称,故称总制钱)。

李清照 人生要经受几番洗礼，才可以不害怕失去

# 一

每到开放日,东京相国寺[1]一带就热闹起来,连山排海的摊位把整座寺庙及其周边塞得满满当当。寺门前属于宠物交易市场,专门售卖飞禽猫犬。进入寺门向内随处可见露天的彩色帐幕,出售蒲合、簟席、屏帏、蔬果、腊脯等各类日用百货和零食小吃;再往里靠近佛殿的位置则被老字号如孟家道冠、赵家毛笔及潘家墨砚占据;大殿的左右回廊上专卖刺绣、翡翠、绒花等饰物用品,牢牢锁住女性消费者的目光;转到殿后就到了文化商品区,各种书籍字画真假古玩琳琅满目,应有尽有。

熙熙攘攘的消费人群之中,时常有赵明诚、李清照夫妻俩的身影。

还在太学读书的赵明诚每逢初一、十五必告假回家,带上新婚妻子直奔相国寺购物。作为国立最高学府的学子,太学生待遇优厚，不仅吃住全包，还会按月发放助学金，成绩好的上舍生每月能领到一千多文钱，差生也能领到八百多文，足够日常消费所用。

小两口携手而来，先要奔到殿后的文化商品区淘上一圈，接着掉头回殿前采购家居用品、瓜果小吃，非得逛到筋疲力尽才肯罢休。满载而归的夫妻俩一边大口嚼着点心水果，一边品评淘到的古玩碑刻，物质和精神得到双重满足时，彼此就相互打趣着自称葛天氏之民[2]。

建中靖国元年（1101），十八岁的李清照与二十一岁的赵明诚喜结连理。或许是怕后人不晓得这段双向奔赴的浪漫爱情有多登对，元代伊世珍还在《琅环记》里特意杜撰了一则趣闻，声称赵明诚曾于睡梦中诵读了一卷天书，醒来后只记得其中三句："言与司合，安上已脱，芝芙草拔。"父亲赵挺之给他解梦，说"言与司合"为"词"，"安"脱掉宝盖头为"女"，"芝芙"拔去草字头为"之夫"，合在一起就是"词女之夫"，后来赵明诚果然娶到了李清照。

天意，是爱情最完美的解释，然基于地缘、阶层、家庭背景等因素叠加而成的门当户对，才是婚姻更现实直白的考量。赵、李两家虽非世交，但都是山东人，正经属于老乡。两家男主赵挺之与李格非同朝为官，李格非任太学博士时，赵挺之为国子司业，恰巧是李的上级，因而李清照与赵明诚的结识，应该有着清晰的渊源关系。

已至适婚年龄的赵明诚，想必老早便听说李格非的女儿天生就是一个美人坯子，自然也不会错过李清照那两首不事雕琢、隽永悠扬的成名作《如梦令》[3]。词与人都显得如此出岫入云、不落窠臼，一出手就名动京师。

李格非性情淡泊，他的朋友圈尽是一些文学素养极高的雅士墨客，比如"苏门六君子"中的三位——晁补之、张耒、陈师道，都是李家的座上宾。

有客光临，李格非自会不厌其烦地把女儿叫出来，当面与前辈探讨切磋，在场众人莫不击节称赏。宋代社会并不认可女性从事文学创作，更不赞同女性当众显露文采，这在当时被认为是有损门风的事情，但李格非却始终给予女儿自由施展天赋的空间，正是这种宽松的成长环境培养出李清照率真坦荡、自信爽朗的性格。

才女由内而外散发出的魅力，是淡妆浓抹无法比拟的天然与纯粹；才女笔下清新活泼的文字，更是在北宋词坛掀起一股匠心独具的青春风暴。毕竟，男性主导的词坛，不可避免只能由外而内构筑女性形象，浓情蜜意有余，终究是隔了一层，总归没有女性自我展示、自我表达那般通透细腻。李清照写梅花，"年年雪里，常插梅花醉。挼尽梅花无好意，赢得满衣清泪"；

写深闺,"寂寞深闺,柔肠一寸愁千缕。惜春春去,几点催花雨";写客来,"见客入来,袜刬金钗溜。和羞走,倚门回首,却把青梅嗅"。[4]她用超强的感官,一字一句描述着时代女性究竟是什么状态,想要成为什么样子。

才情横溢之外,更多的还是对诗词创作信手拈来的熟稔,以至于日后尚未经受苦难的洗礼时,李清照就以极度自信的姿态,公然发文评价开国以来词坛历代名家。

她说柳永填词庸俗低下;晏殊、欧阳修、苏轼作词不合音律,直如酌蠡水于大海,只能算是长短不齐的诗句,唱出来太难听;张先、宋祁宋庠兄弟有妙语而破碎,不够混成;晏几道苦于无铺陈叙事,感情表露太过直接;贺铸不够典雅庄重;秦观缺少典故、史实,譬如贫家美女,虽极艳丽丰逸,骨子里却缺少与生俱来的富贵气质;黄庭坚注重典故史实,但又多有小毛病,好比美玉有瑕,价自减半;而王安石、曾巩的词,简直让人笑掉大牙,根本没眼看。

《词论》寥寥千字,其中提到的词人有柳永、张先、宋祁、宋庠、沈唐、元绛、晁次膺、晏殊、欧阳修、苏轼、王安石、曾巩、晏几道、贺铸、秦观、黄庭坚共十六位,几乎涵盖北宋词坛所有名家,然无一例外被李清照批评了个遍。

说她不自量力也好,管中窥豹也罢,多年来饱览诗书辞赋,文化的养分已将她培育得外美如花,内秀如竹,她不但会享受美,更能驾驭美,让美成为一种流动的视觉盛宴,活跃在生活的点点滴滴。

如此灵秀超脱的伊人,自然会成为赵明诚梦寐以求的绝佳配偶。

## 二

在不准自由恋爱,要靠父母之命确定婚姻关系乃至终生幸福的时代,能有一段鹣鲽情深、鸾凤和鸣的美好婚姻,注定会羡煞旁人。

毕竟婚姻不幸者大有人在。比李清照稍早的词坛前辈晏几道,其父晏殊离世时给他留下许多珍贵的书籍,后来家道中落,晏几道居无定所,经常把书搬来搬去,有时候忘了收拾,妻子就免不了一顿吐槽:"你把这些书当宝贝,在我看来就像乞丐讨饭的破碗,有什么值得珍惜的呢!"

晏几道并不想跟妻子过多争论,他写了首很含蓄的长诗《戏作示内》,大意为:这些书是我生命的一部分,希望你像爱护自己的头发那样爱护它们。可妻子看不懂,继续发牢骚:"你写的是什么鬼诗,和我说的话题有关系吗?"晏几道长叹一声,只得作罢。[5]

神仙眷侣般的恋情,势必让双方跳出鸡毛蒜皮的琐碎,把心交给彼此，让思想的声波同频共振，才能真正在情感的天空洒下一片罗曼蒂克的光芒。赵明诚自幼酷爱金石之学[6]，老早便立下尽天下古文奇字的志趣。嫁给赵明诚后，一向读书成癖的李清照无缝对接地疯狂迷上了金石考古，于是相国寺大殿后的文物摊古玩铺，就成了小两口日常必逛、看中必买的购物天堂。

相比于赵明诚的痴迷，金石收藏只算李清照海量兴趣中比较热衷的一项而已。少女时代待字闺中、少妇时代相夫教子的妇道规矩，是不能约束李清照的。她太爱玩也太会玩了：正月要炫着罗绮香风去宣德楼观灯；二月要花飞蝶舞般地去城南玉津园、玉仙观踏青；三月初一必去城西顺天门外的金明池和琼林苑游玩，先来几局关扑[7]试试手气，书籍字画、文物拓片，甚至时令果蔬能扑就绝不直接买，每次都要拿起铜钱丢个没完，一直丢到手腕发酸、香汗淋漓方肯作罢，接着再去看"水傀儡""水秋千"等各类水上杂技；四月清明、五月端午、七月七夕、八月中秋、九月重阳，时节相次，各有可玩。初婚的新鲜感和浪漫情趣让李清照过上了神仙般的日子，反映在词作中，也是塞满了优雅玲珑、自命不凡，如"何须浅碧轻红色，自是花中第一流""共赏金尊沉绿蚁，莫辞醉，此花不与群花比"[8]。

可惜好景不长，徽宗崇宁元年（1102），旧党（反对熙宁变法）李格非被列入元祐党[9]罢官夺职，新党（支持熙宁变法）赵挺之却高升为尚书左丞。娘家为罪臣、夫家升高官，出嫁仅一年的李清照立时陷入尴尬难堪的境地。面对儿媳的苦苦相求，赵挺之并未向亲家伸出援手。如此冷漠的行径，李清照愤愤然以残言片语应之：炙手可热心可寒。

可政治的残酷、人情的凉薄远不止于此。按照朝廷惩治元祐党人的政策精神，旧党家属亲友一律不得留京，李清照必须服从安排，被遣返回山东明水老家。身为丈夫的赵明诚非但没有设法营救，甚至都未护送妻子返乡。

大约在崇宁三、四年间（1104—1105），独居明水的李清照填下一首《行香子·七夕》：

> 草际鸣蛩，惊落梧桐，正人间、天上愁浓。云阶月地，关锁千重。纵浮槎来，浮槎去，不相逢。
>
> 星桥鹊驾，经年才见，想离情、别恨难穷。牵牛织女，莫是离中。甚霎儿晴，霎儿雨，霎儿风。

由于党争的株连，一对恩爱夫妻变成了长年分离的牛郎织女，但真能把分离完全归咎于党争吗？实际上，考虑到当前在朝堂炙手可热的赵家之权势，若赵挺之愿意施以援手，想必可以网开一面，避免拆散这对一向琴瑟和鸣的新婚夫妇，可爱惜政治羽毛的赵挺之对此置若罔闻，丈夫的态度又是如此令人难以捉摸。赵明诚无论是出于顾全大局的考虑还是父命难违的怯懦，总归没有选择与妻子同荣辱、共进退，李清照这句"霎儿晴，霎儿雨，霎儿风"的评价可谓恰如其分。

分离的局面一直持续到崇宁五年（1106）。这一年，赵挺之升为尚书右仆射兼中书侍郎，正式出任帝国宰相，同时徽宗为消弭党争造成的负面影响，下令毁掉"元祐党人碑"，解除党人一切之禁，李清照才得以重返东京。结果一年后赵挺之在与蔡京的相位争斗中失利，五天后含恨病逝，蔡京旋即大肆诬陷赵氏族人，不仅赵挺之赠官被追夺，赵明诚的恩荫之官亦被罢免，眼看京城是待不下去了，赵明诚的母亲郭氏带着全家老小，返回青州定居。

先前李清照被遣返原籍时，赵明诚照旧居京为官，而赵家被迫屏居乡里时，李清照却巴不得随夫终老乡间，给予身处逆境的丈夫最坚定的支持。

老家有田产，赵明诚夫妇盖了几间书房，号曰"归来堂"，取自陶渊明《归去来兮辞》"归去来兮，田园将芜胡不归"；李清照自号"易安居士"，同样取自《归去来兮辞》"倚南窗以寄傲，审容膝之易安"。

提前过上陶渊明式的归隐生活，对赵明诚似乎有些残忍，但对李清照却算得上顶好的归宿。好在夫妻俩还有专业对口的金石爱好，青州历史悠久，号称文物集散之地，丰碑巨碣，所在多有；三代古器，时有出土。屏居十年间，赵明诚要么在书房埋头整理金石，要么奔驰在负笈远游的寻宝旅途上，李清照在青州也是到处搜寻购置。

当年在京，有人拿了一幅南唐画家徐熙的《牡丹图》求售，索价二十万贯。夫妻俩在家中把玩了两天两夜，无奈实在凑不出那么多钱，只好恋恋不舍地奉还原物，为此还惋惜感慨了好几天。为免再让心爱的文物从手中溜走，夫妻俩只好降低衣食住行方面的消费层次。

李清照描述归隐的日常状态为"食去重肉，衣去重采，首无明珠翡翠之饰，室无涂金刺绣之具"，把钱省出来应对庞大的寻宝开支。比如买书，重金求得孤本收藏是远远不够的，还要把市面上所有能见到的版本统统买下，或储备为副本，或放在手边随时翻阅。

归来堂很快被各类文物字画填满，夫妻俩只好另外盖起数间规格更大的藏品屋，珍本名画分门别类编写目录归档，用纱笼罩护，龙涎香驱虫防腐，拿取勘校时必须净手更衣，纸页上留个墨印都要心疼得唠叨半天。

如此废寝忘食又不计成本地痴迷投入，他们终于在政和七年（1117）完成二千卷《金石录》的编纂，后来李清照在撰写《金石录后序》时自豪地宣称："凡见于金石刻者二千卷，皆是正伪谬,去取褒贬,上足以合圣人之道,下足以订史氏之失者,皆载之,可谓多矣。"

丈夫外出时节,虽说李清照切切实实体验着闺中怨妇的滋味,但她可以饮酒,更可以填词。她总爱以花自比,"花自飘零水自流。一种相思,两处闲愁""莫道不销魂,帘卷西风,人比黄花瘦",[10] 当然也只有四时绽放的琼芳玉蕊才配得上如此飘逸绝尘的才情。可惜在她"得句必邀其夫赓和"时,赵明诚却每苦于无传世之作,如《琅环记》所言,赵明诚闭关三天三夜,得五十阕词,友人看罢仍是不假思索地将李清照"莫道不销魂,帘卷西风,人比黄花瘦"三句评为最佳。

填词饮酒之外,还有赌。叶子牌、采选、打马、宣和牌,各种闺房博戏,她只要一玩,必然废寝忘食,必然玩到对手缴械投降,无力奉陪。李清照自信地说:"我玩采选,总是找不到对手,她们段位太低,玩打马又觉得太简单,体验感不强,需要在规则上做些创新。"

那是一段辛苦中写满幸福和愉悦的时光,李清照回忆称:每饭罢,坐归来堂烹茶,指堆积书史,言某事在某书某卷第几页第几行,以中否分胜负,为饮茶先后。中即举杯大笑,至茶倾覆怀中,反不得饮而起。赌书泼茶似的闺房雅戏,李清照每每都因其过目不忘的超强记忆赢得胜利。像她这种自信放光芒的人,做任何事情都是全神贯注地投入进去,填词时就一心一意填词，恋爱时就掏心掏肺恋爱，游戏时就抟心揖志游戏，争胜时就不让分毫争胜。但时代似乎并不满足于只给后世留下一个才女的曼妙身影，那些指尖滑过的闲暇乐事、闺怨闲愁，那些年少轻狂的好日子，总归有结束的那一天。

## 三

重和元年（1118），赵明诚结束青州归隐，赴任莱州知州。新旧党争的硝烟早已散尽，可赵明诚外出做官，居然仍旧让李清照独守青州。

在送别丈夫所作的《凤凰台上忆吹箫》一词中，李清照一改往日的洒脱随性，开始用一种孤寂萧索的情绪描述丈夫离开后百无聊赖的独居生活：香炉熄了懒得管，被子也不叠，太阳老高了才起来，起床后又懒得梳头，首饰匣因许久不开已经落满灰尘，她害怕的是"武陵人远，烟锁秦楼"[11]，可话到嘴边又说不出口，那些不能言明的事只好欲说还休。

曾经的她从来不会如此颓废，甚至在街上买了一枝鲜花，也忍不住要把花戴在头上问赵明诚：是花美还是我美？可以猜测到，性情爽朗的李清照依然少不了女性细致敏感的那一面，她大概已经明显察觉到，十七年的婚姻水滴石穿般磨平了当初激情澎湃的热恋，而多年来携手钻研金石的漫长生涯又让二人的志同道合尴尬而默契地演变成一种同事关系，尤其是结婚至今无法生育的现状，每每让丈夫叹息无人可继承其金石之志，二人的关系愈发微妙起来。她不免担忧赵明诚移情别恋、另结新欢，出于尊严又不好请求丈夫将她带去，她不主动提，赵明诚本就无此意，于是只得独自感慨闲愁暗恨，"从今又添，一段新愁"。

好在李清照是个内心强大的女人，她一直坚信婚姻是人性的自由舒展，绝不允许自己成为婚姻中的失败者。宣和三年（1121），她孤身前往莱州，勇敢地踏上了寻夫之路。在她身后，婚姻在现实的灰暗天空中投射出一道梦幻般的彩虹，它仿佛是一个预言，预示着回心转意的奇迹，或是虚与委蛇的嘲讽。

反观赵明诚对妻子不请自来的决定，表现出一种明显拒人于千里之外的嫌弃，他草草将李清照安置在既无书籍又寒酸简陋的馆舍中不闻不问，形同打入冷宫。可他并未料到，老妻既然可以如此坚定地跳出独守空房的闺妇命运，就能在问心无愧的决绝中与丈夫傲然对峙，后续赵明诚调任淄州知州时，终于选择带李清照同往。

可惜，婚姻尚未迎来转机，北宋的天空已被硝烟笼罩，这场突如其来的时代巨变，即将彻底吞没李清照苦心经营的美好。

靖康元年（1126）冬，东京陷落，青州赵氏被迫举家南逃，大哥赵存诚、二哥赵思诚先行护送母亲郭氏南奔江宁（建康府），然郭氏年事已高，禁不起车马劳顿，抵达江宁不久后便病逝。

赵明诚结束淄州任期，先行南下奔丧，行前精挑细选运走十五车古器书画，俱是精品中的精品，李清照则留在青州处理各种善后事务，田产房屋皆不足恤，独独那堆满十几间屋子的藏品让她举目四顾，怅然若失。

夫妻二人耗尽毕生心血的艺术结晶，注定要被无情的战事撕扯得支离破碎，也注定要与故土家园共同走向毁灭。她彻夜难眠，一遍遍地抚摸着用纱笼罩护精心呵护的字画古籍，纵然眼神中尚有许多眷恋，黎明来临时，她也只能泪眼婆娑地亲手锁上大门，与心爱之物挥手告别。

南逃路上，李清照还在祈祷乱兵不会发现屋内封存的藏品，等到来年再托人运出。结果李清照离开青州没几日，乱兵便闯入赵家纵火焚烧，十几屋藏品尽数化为灰烬。

建炎二年（1128）三月初三上巳节，李清照在江宁城中与亲友吃团圆饭，颇为感慨地写下《蝶恋花》：

> 永夜恹恹欢意少。空梦长安，认取长安道。为报今年春色好，花光月影宜相照。

随意杯盘虽草草。酒美梅酸，恰称人怀抱。醉里插花花莫笑，可怜春似人将老。

曾经的她，纵情中带有几分疏狂，总归是充满活力的。那座恢宏繁华的汴梁城，那个魂牵梦绕的山东老家，她生在那里，将来也应该葬在那里，可那些遗失在往日的美好甚至闺怨闲愁，都如流水落花般永远失去了。

酒美梅酸，如今还是会喝醉，但醉中仿佛有什么东西要溜进心里，那是一种灰色的、没有生气的、没有形体的比哀愁更凄惨的东西，一种遥远的、有迹可循的记忆波涛似的向她冲来，试图将她冲回彼岸，然日暮酒醒，冰冷的触觉将她从醉酒的徜徉拉回现实的逼仄，她发现今昔之间光与影的交错中，正簇拥着一个个升腾而起的苍白泡沫，脆弱得一触就破。

次年二月，更大的磨难悄然袭来。由于局势动荡，各地叛乱不断，驻扎在江宁城外的御营军统制王亦与城内守军密谋反叛，里应外合占领城池。江南东路转运副使李谟得知情报，立即通告时任江宁知州的赵明诚密切关注王亦动向，可赵明诚不知何故却没放在心上，李谟只好代替主官暗中布置防御。

当晚，王亦果然纵火造反，幸有李谟提前部署，王亦无法攻入内城，只好夺门而去。破晓时分，李谟兴冲冲地去找赵明诚汇报战况，没想到赵明诚早在叛乱开始时就用绳子翻墙逃跑了。

主官临阵脱逃,是最丢脸、最窝囊的行为,被叛乱吓破胆的赵明诚很快便以临阵脱逃罪被朝廷免职。

江宁是待不下去了,赵明诚遂举家南迁,行至乌江(今安徽和县乌江镇),站在西楚霸王项羽兵败自刎之处,李清照心绪激荡,随口吟出《夏日绝句》:

> 生当作人杰,死亦为鬼雄。
> 至今思项羽,不肯过江东。

此刻,愧悔难当的赵明诚就站在她身旁,这首豪气冲天的诗作无异于一记响亮的耳光,狠狠抽在赵明诚脸上,一字一句都在践踏那颗脆弱彷徨的心。他应该会想到,父亲赵挺之当年在德州通判任上同样遭遇过驻军哗变,乱兵冲进知州府衙,主官早已逃之夭夭,赵挺之却正气凛然地端坐大堂,厉声斥责哗变士卒,三言两语稳定了局势,事后又用计将带头闹事者绳之以法,对余众善加抚恤。父子相较,高下立判。

对于浮萍飘絮的事业,他成了一个失职胆怯、毫无担当的逃兵;对于相濡以沫的老妻,他也做不到坦诚相待。无数愤怒的、怨恨的、失望的情绪,全部纠缠杂糅到了一起,让李清照深刻意识到,感情上的一切矛盾都可以用时间慢慢消解,从三观上生出的蔑视却极难扭转。西楚霸王虽有诸多缺陷,但其铮铮铮傲骨和宁死不愿丢掉的尊严，恰恰是李清照最崇拜的英雄主义。她嘴上不说，内心却对丈夫临阵脱逃的行为深为鄙视，赵明诚自然也会对妻子故意出言讥讽的行为表示愤怒，两颗各怀心事的心就在这无声的沉默中逐渐分离，往日的伉俪情深从此也一去不复返了。

## 四

建炎三年（1129）六月，定居池阳的赵明诚忽然接到起复湖州知州的旨意，命他前往建康府面圣。

大暑时节，长江中下游地区最是湿热。赵明诚身着轻薄葛衣，高高卷起的头巾，灿灿如电的目光，精神抖擞得异乎寻常，李清照却兀自有种不祥之感，她乘坐的小舟停在岸边，赵明诚则跃马立在岸上，两人各自沉默着，虽近在咫尺，中间却像隔着一条银河，完全没有"执手相看泪眼，竟无语凝噎"的深情倾诉。

李清照担心孤身一人保护不了这十五车珍贵文物，只好开口询问："如果局势紧急，我该如何是好？"

赵明诚淡淡回道："若逢不测，先丢辎重，再丢衣物，随后依次为书籍、卷轴、古器，唯有最珍稀的那几件宗器[12]绝不能丢弃，若万不得已，你就与它们共存亡吧！"说罢便拍马远去。

李清照的担忧并非空穴来风，七月中下旬，她突然接到赵明诚在建康府病重的消息。

其实，憋着一肚子气又无处发泄的赵明诚，只好固执地自我折磨，他在酷暑天气拼命赶路，中暑后又不肯停下休息，刚到建康府就患上了疟疾，多日高烧不退。为了快速退烧，赵明诚又胡乱服用柴胡、黄芩等寒凉药物导致腹泻，疟疾加上痢疾，迅速让其病入膏肓。

李清照闻讯，一昼夜疾行三百里赶到建康。看着病榻上形销骨立又自暴自弃的丈夫，李清照不顾赵明诚有意流露的冷漠和疏离，衣不解带地日夜在旁侍候。数日后，弥留之际的赵明诚取笔作诗，绝笔而终，殊无分香卖履[13]之意，对不离不弃的妻子，对珍如生命的金石文物，他都没有留下一句话。

这夜静得可怕，像是许多年前李清照陪伴在赵明诚身边的那些深夜，时空仿佛断裂开来，时光洪流将彼此分隔两岸，流水不断将赵明诚向后推去，直至模糊成一个黑点。李清照多么希望赵明诚临终前跟自己互诉衷肠，哪怕只是简短的几句抱歉的话或是发自肺腑的温存，都足以消融她内心的坚冰。可赵明诚却至死不愿放下所谓的自尊，在耻辱的建康城下，在"至今思项羽，不肯过江东"的讽刺中，那些难以诉说的不甘和遗憾，终于变成了浓到化不开的沉默和暗无日月的绝望。

悲痛之余，李清照给丈夫写下了这样的祭文："白日正中，叹庞翁之机捷；坚城自堕，怜杞妇之悲深。"她还是不能原谅丈夫，事到如今，原谅不原谅倒也没有太大的意义。也许那段鹣鲽情深的爱恋给人造成了不小的错觉，认为赵、李二人的婚姻十分幸福美满，实际上，不只是剪不断、理还乱的离愁，更多的是浓情蜜意的消散、矛盾丛生又不愿相互理解甚至懒得解释的冷漠，身处其中，自然是别有一番滋味在心头。

赵明诚病逝后，李清照清点家中资产，尚有书二万卷，金石刻二千卷，器皿、茵褥可供百人所用。随着金人南侵日益频繁，为防万一，李清照请亡夫的两名亲信幕僚带着大部分文物，提前用船送到正在洪州护卫隆祐太后的妹婿李擢处，结果金兵很快攻陷洪州，藏品被焚掠一空。

如今，李清照身边只剩下少数分量轻、体积小的卷轴书帖，以及李白、杜甫、韩愈、柳宗元的诗文集，《世说新语》《盐铁论》，汉、唐石刻副本数十轴，三代鼎鼐十几件，南唐写本书几箱。即便所剩寥寥，孤身一人的寡妇人家仍是难以守护。御医王继先拿了三百两黄金，上门要买古器，被李清照严词拒绝。

王继先因进献丹药仙灵脾深受高宗宠信，一跃成为豪门新贵，登门被拒不久，民间便有谣言流传，诬陷李清照意图将赵明诚的遗物送给金人。事关通敌，李清照无从辩解，只得尝试将剩下的金石等物全部上交朝廷，自证清白。

然而，建炎三年（1129）秋金军渡江南下又迫使高宗南逃，李清照匆忙携带藏品追赶朝廷，中途还抄了几次近路，但到底也没见着官家。

经过剡县时，李清照将一半藏品留在剡县，做好记录以待将来取回，结果被逃散的官兵抄没。途经越州时，李清照借宿在某户人家，当晚遭贼，又被偷走了书画砚墨五大箱藏品。她无奈重金悬赏失物，很快就有人带着十八轴书画求赏，李清照心知其中的猫腻，但战乱中本地官员早已四下逃散，无法报案也无人缉拿盗贼，只得作罢。

从山东搬来的十五车珍品，如今遗失殆尽，所残存者，不过零章片简，不成套的书籍三五种，几卷爱不释手、贴身保存的字帖罢了。

国破家亡，暮年飘零，孤苦无依，李清照愁肠寸断，提笔写下《声声慢》：

> 寻寻觅觅，冷冷清清，凄凄惨惨戚戚。乍暖还寒时候，最难将息。三杯两盏淡酒，怎敌他、晚来风急？雁过也，正伤心，却是旧时相识。
>
> 满地黄花堆积。憔悴损，如今有谁堪摘？守着窗儿，独自怎生得黑？梧桐更兼细雨，到黄昏、点点滴滴。这次第，怎一个愁字了得！

一阕连下十四叠字，张正夫叹为公孙大娘舞剑手，"本朝非无能词之士，未曾有一下十四叠字者"[14]。前无古人后无来者的词家叠字之法，都是咬着牙根悟到的，那种茕独凄惶的境况非本人不能领略。

以靖康之变为界，李清照的人生变得截然不同，就像高耸入云的山峰阴阳两侧植被面貌发生陡变一样。她没精打采地思忖着，忧愁与哀怨铁箍似的死死箍住她的心绪，那无济于事的、一心想遗忘的不幸遭遇，那个仓皇失措又进退维谷的落寞形象，那张风僝雨僽的苍白面孔，影影绰绰地在眼前鲜活起来，当防栅撤去、阵线溃散，惝恍迷离之中，她发现心中割舍不下的，仍是那个她所熟知的赵明诚。

## 五

绍兴二年（1132），年近五旬的李清照来到临安，成为那段天塌地陷的苦难岁月的亲历者，家园、挚爱连同那些遗失的金石，永远留在了远方。当她走下余杭门码头，踏进临安城的那一刻，黯淡的天空好像搁在她瘦弱的肩膀上，由她扛着似的。大概是劫后余生的鲜活情感短暂性地抵消了苦苦纠缠她的离愁别绪，她闭目倾听落花流水的声音，空气中有股蒙蒙的湿气，开始混入此时此地流淌的现实时间里，无声无息地提醒着她，客居他乡者总会比本地人更能感受到年华岁月每时每刻都在残忍地老去。

本年四、五月间，李清照经人介绍，认识了右承奉郎、监诸军审计司属吏张汝舟。

万物皆有裂痕，那是灰尘有机可乘之处。起初，张汝舟对孤身一人又患病卧床的李清照备加关怀，不但每日陪她聊天吃饭，还总用甜言蜜语试图温存那颗伤痕累累又脆弱敏感的心。

大概久经风雪后那破云而出的一缕暖阳最是温暖，当张汝舟向李清照表明爱意，李清照并没有拒绝。脆弱给了虚情假意可乘之机，张汝舟如此积极要同李清照喜结连理，并非迷恋其才学，而是觊觎她那所剩无几的金石文物。

将金石视若生命的李清照又怎会让张汝舟如愿，每当张汝舟开口提及，李清照就冰冷地岔开话题，欲念难遏的张汝舟凶相毕露，甚至对新婚妻子大打出手。

李清照忍无可忍，主动要跟张汝舟离婚，这在封建礼法约束下的南宋王朝简直是匪夷所思的行为，张汝舟坚决不允，李清照又毅然决然与丈夫对簿公堂，当场揭露张汝舟谎报科考次数谋取官职的老底。然宋制妻告夫，罪名成立也要追加女方两年刑狱，即便面临牢狱之灾，李清照都未打消离婚的念头，更是以一种无惧无畏的刚烈和张汝舟拼了个鱼死网破。

后来她在写给友人的信中解释说："遂肆侵凌，日加殴击，可念刘伶之肋,难胜石勒之拳","视听才分,实难共处,忍以桑榆之晚景,配兹驵侩之下材"。[15]她宁受皮肉之苦,也绝不受精神奴役。这场官司以张汝舟流放柳州、李清照入狱告终。她站在大堂之上怒斥张汝舟种种不堪,并自愿拖着蹒跚的步伐走进监牢的一瞬,其中蕴含的决绝果敢不亚于项羽乌江自刎时那勇敢的一抹。她并非不清楚再嫁、离婚、告夫的"失节"行为会引来多大的非议或讥讽,但饱受磨难、退无可退的自己,已然不再害怕失去。

入狱九天后,李清照在友人的援助下获释。经历过这场婚变,原本就疾病缠身的她更加憔悴虚弱,只好终日闭门不出,安心养病。

郁郁寡欢的她卧床重读《金石录》书稿,览之如见故人,遂作《金石录后序》,感慨三十四年间忧患得失、聚散无常。她曾经爱过一个人,却已经失去了他;她曾经恨过一个人,也亲手制裁了他。两段经历都让她刻骨铭心,一个人温暖着她的过去,另一个人冰封了她的未来。她终于意识到人生就是一个不断失去的过程,失去了故土、失去了挚爱、失去了名节,原本以为微不足道的小事,回头再看时都显得如此珍贵。流水落花的美好,不堪回首的艰涩,都在无声地提醒着她,有些东西后来的人给不了,有些东西给不了后来的人,最珍贵的年华留在了故园，最美好的记忆封存在北方，回不去了，也得不到了。

她没有子嗣，孤苦伶仃，那些分不清是苦涩还是寂寞的情绪，夜夜都在寂静中发酵，隐藏在内心深处的抑郁，像蓓蕾中的蛀虫，夜夜啃食着所剩无几的花蕊。

受限于动荡混乱的时代，南宋较之北宋，气质上多了几分逼仄、狭隘和偏激，尤其看重所谓名节。可悲的是，战场上难以收复失地、一味偏安苟且的文人士大夫，反倒对女子的贞洁愈发苛刻。李清照活着的年代，讽刺抨击已然此起彼伏，"易安再适张汝舟，未几反目""再嫁某氏，讼而离之，晚节流荡无归""不终晚节，流落以死"[16]，成为她终其一生难以痊愈的精神创伤。实际上，朝堂仍有不少赵氏亲友帮衬，娘家还有秦桧奥援[17]，应不至于晚景凄凉。

李清照自然还要好好活下去，绝不让那些想看她笑话的人如愿以偿。她带着始终贴身珍藏的米芾真迹，前去米芾之子米友仁处，请其为字卷题跋；她以"朝廷命妇"的身份向高宗进献编纂完成的《金石录》；朝廷遣使金国慰问被囚于北方的徽、钦二帝，她写长诗《上枢密韩肖胄诗》，表达了收复失地的强烈愿望；她还重拾年轻时代赌博喝酒的癖好，并为最爱的"打马"编写游戏攻略——《打马图经》，教晚辈们玩耍。

到了一年一度的元宵佳节，钱塘门外莺歌燕舞，一路上游人如织。青春年少时，家里的大门是关不住她的，甚至有客来访，她也要好奇地倚门回首，嗅一嗅青梅，看看来人究竟是谁。如今她年逾古稀，孤家寡人，没有任何人陪伴，也不再有无话不谈、携手游玩的闺蜜，还出去做甚？别人的快乐只会加深自己的痛苦。

她兀自怀念当年汴京佳节，她与三两闺蜜头戴饰有翠鸟羽毛的香帽，还要用美丽的金线捻成状似柳枝的头花，打扮得整整齐齐漂漂亮亮地外出观灯。可时代变了，回不去了，她懒得出去也怕出去，只好站在帘儿底下，听行人盈盈笑语，并在黑夜悄悄来临时无限怀念着自己尽情挥洒的青春、永不再来的青春。

她写下《武陵春·春晚》：

> 风住尘香花已尽，日晚倦梳头。物是人非事事休，欲语泪先流。
> 闻说双溪春尚好，也拟泛轻舟。只恐双溪舴艋舟，载不动许多愁。

活在这个肌体不断受损、心绪不断漂移、时间不断流逝的人世，观察事物的眼光彻底改变了，吹拂而过风的触感，穿喉而过酒的甘洌，姹紫嫣红花的姿态，滴滴洒洒雨的声音，还有挂在天空的骄阳，绕城而过的河流，她都觉得和从前不同，却又不是别样的新奇，而是一种镜花水月的虚无，每一次接受，总要经历一次沉痛的失去。

尽管命运的悲苦成就了李清照文学的伟大,她被称为千古第一才女、婉约词宗、藕花神,但那都是寂寞身后事了。生前最让她心怀期待也让她彻底绝望的,是她本欲将其毕生所学传授给一位姓孙的妙龄少女,不料这位孙姑娘却一脸鄙夷地跟前辈讲起了女子无才便是德(才藻非女子事)的歪理,原来丧偶流寓、金石流失、遇人不淑、离异系狱、诽谤四起、家国缥缈,已然失去所有的李清照,还有人告诉她无才才是女子最大的德!

注释

[1]相国寺:汴梁城中一所著名的佛教寺院,始建于北齐文宣帝天保六年(555),原名建国寺。景云元年(710)唐睿宗李旦即位,因其曾被封为相王,故改名为相国寺。宋太宗于至道二年(996)重建相国寺大门,并亲笔题额"大相国寺"。

[2]葛天氏之民:出自陶渊明《五柳先生传》"无怀氏之民欤?葛天氏之民欤?"上古帝王无怀氏、葛天氏统治下的部落,其民安居乐业,不慕荣利,与世无争。

[3]《如梦令》:一首是"昨夜雨疏风骤,浓睡不消残酒",一首是"常记溪亭日暮,沉醉不知归路"。

[4]分别见李清照词《清平乐·年年雪里》《点绛唇·寂寞深闺》《点

绛唇·蹴罢秋千》。

[5]《戏作示内》：参见张邦基《墨斋漫录》卷三。

[6]金石学：中国考古学前身，以青铜器、石刻碑碣为研究对象。历史一旦形成，难免因记录存在缺失错谬导致事实被扭曲湮没，这些刻录于青铜、碑石、玉器上越千年而不朽的金石铭文，就可以起到证经补史的作用。

[7]关扑：两宋以商品为筹码赌掷财物的博戏。据吴自牧《梦粱录》记载，街坊以食物、动使、冠梳、领抹、缎匹、花朵、玩具等物，沿门歌叫"关扑"。买卖双方约定好价格，用头钱（铜钱）在瓦罐内或地下掷，根据头钱字幕的多少来判定输赢，赢可折钱取走所扑物品，输则付钱。

[8]分别见李清照词《鹧鸪天·暗淡轻黄体性柔》《渔家傲·雪里已知春信至》。

[9]元祐党：崇宁元年，徽宗任用蔡京为相，以崇奉熙宁变法为名，令登记元祐旧党姓名。蔡京列司马光、文彦博、苏轼等一百二十人称之为"奸党"，御书刻石于端礼门及各地官厅。

[10]各见李清照词《一剪梅·红藕香残玉簟秋》《醉花阴·薄雾浓云愁永昼》。

[11]武陵人远，烟锁秦楼："武陵"取自南朝刘义庆所著《幽明录》中刘晨、阮肇误入桃林与仙女相爱乐而忘返的典故；"秦楼"取自春秋时萧史与弄玉筑秦楼以居，一夕吹箫引凤，夫妇乘凤而去的典故。

[12]宗器：指古时宗庙所用的祭祀、礼乐之器。夏商周三代作为宗庙重器的青铜钟鼎彝器，是金石家们无比珍视的宝物。赵明诚所指的，大概是几只青铜小鼎。

[13]分香卖履：出自曹操《遗令》"余香可分与诸夫人，不命祭。诸舍中无所为，可学作组履卖也"，比喻人临死前不忘妻子。

[14]参见张端义《贵耳集》卷上。

[15]参见李清照《投内翰綦公崇礼启》。

[16]参见胡仔《苕溪渔隐丛话》、王灼《碧鸡漫志》、朱彧《萍洲可谈》。

[17]李格非娶王珪长女（李清照之母）为妻，王珪之子王仲岏（李清照舅舅）育有一女，后嫁与秦桧，秦桧也即李清照的表妹夫。

# 岳飞 谁人更唱满江红

一

　　从南京应天府至河北大名府八百里路程，自胡马窥江去后，稼穑荒芜，村落凋敝，只有一望无际的萧瑟和岑寂。夜幕降临，浓雾从暮色中升起，空旷的平原寒气逼人，路边一排排被刀剑横砍竖劈的野木歪歪扭扭斜在地上，像一张张被利刃削去半边的人脸，显示出一股不可思议的愤怒。

　　此刻，二十四岁的岳飞正策马向北疾驰而去，马蹄铁敲打在坚硬的土地上，踏出阵阵浮尘，他的背影显得坚强，也显得忧伤。建炎元年（1127）六、七月间，车驾南下巡幸扬州的消息在应天府不胫而走，恐金情绪山洪决堤似的冲垮了君臣的意志，逃跑成了大多数人的共识。时任御营偏将的武翼郎[1]岳飞不顾身份低微，越职上疏痛斥宰辅黄潜善、汪伯彦无意恢复，深失中原百姓之望，号召官家趁二圣蒙尘未久、金贼疏忽懈怠之际,亲率六军渡河北伐。

从军以来,岳飞先在真定府路安抚使刘韐帐下为敢战士[2],靖康之变后随刘韐隶属兵马副元帅宗泽,从普通士卒、承信郎、保义郎、秉义郎、修武郎一路升迁为武翼郎,都是九死一生拼出来的军功,但黄、汪对这从七品的军中小将自然是不屑一顾的,很快二人便以"小臣越职,非所宜言"为由将岳飞革除军职,放归乡里。

日后与岳飞并称"中兴四将"的张俊、刘光世、韩世忠目前均在御营军中任职,刘光世为行在都巡检使,张俊为御营前军统制,韩世忠为光州观察使,俱成从龙之臣,越职言事的岳飞却失去了追随官家患难与共的机会。

被革职的三个月里,孤孑一身的岳飞狼狈羁旅,甚至连生计都成了问题。风餐露宿中,他仿佛看到一只雄鹰正翱翔在苍穹之上,不时发出阵阵长啸,其动作之雄健、姿态之昂扬令岳飞陡然振奋,他羡慕这种力量,也羡慕这种孤独。

好在驻节大名府的河北招讨使张所慧眼识才,这位饱读经史的儒将用他那深邃澄净的眼神,洞穿了年轻人身上隐藏的将帅潜力,很快以"借补(补充缺额)"为名破格将岳飞从白身提拔为军中统制官[3],命其随都统制王彦渡过黄河,屯军卫州牵制金人。

结果血气方刚的岳飞又与老成持重的王彦就战守问题翻

了脸，一怒之下，岳飞当着一干将佐的面对主官大加抨击："二圣蒙尘，贼据河朔，臣子当开道以迎乘舆，今不速战，而更观望，岂真欲归附贼人耶！"然后率本部擅自出战，与王彦分道扬镳，很快又重归东京留守宗泽部署。

依照军法，副将不遵将令者斩，可岳飞是何等潜能无限的少年英杰，首次归附宗泽时，宗泽便对岳飞印象极佳，料定其有大将之才，他告诫这位年轻的后辈："汝勇智材艺样样不缺，虽古之良将亦不能及，然汝好野战，做副将尚可，若为大将，非万全之计。"说罢拿出珍藏多年的行军阵法图赠予岳飞，希望他好好参详。

然而岳飞仅仅看了几眼就丢在一旁，并对宗泽说："所谓阵法，只是固定不变的排列，战场瞬息万变，兵法之要在于出奇，运用之妙应在为将者心中而不在图上。"宗泽默然良久，说"汝言是也"。

岳飞正是那遨游苍穹的雄鹰，无人可以驾驭，也不需有人驾驭，每当异议出现时，他总学不会服从上层地位自带的话语权威，而是全身心投入成败利钝的争论和反抗中，把滚烫的感情一股脑儿倾泻而出，野火燎原般焚尽一切可燃物，当然也包括他自己。

建炎二年（1128）秋，宗泽病逝，岳飞的主官又变成被赵构誉为"有古名将之风"的杜充,事实证明,这只是自诩有识人之能的官家看走眼的一个典型例子罢了。完颜宗弼南侵时节,杜充弃城退往建康府,消极怯战,直至金军兵临城下,杜充才匆忙调遣陈淬与岳飞领兵两万出城鏖战。

激斗正酣,后军大将王燮突然弃阵而逃,致使战局瞬间崩溃。混乱之中,岳飞大声激励将士:"我等荷国恩厚,当以忠义报国,立功名,书竹帛,死且不朽!"拼死率领残部突出重围,向宜兴、常州一带转移。

战功,岳飞从来不缺,而且越是逆境,似乎越能激发起超强的斗志,他能在敌阵如入无人之境,也能以微弱兵力在转战中六战六捷,重新聚集起万余人马。如狼似虎的金军困不住他,危如累卵的局势吓不倒他,可真正杀人诛心的从来不在阵前,而在早已被金人吓破胆的朝堂之上。

建炎四年(1130)五月,宰相范宗尹首创"镇抚使"[4]一职,将京西路、淮南路、荆湖北路等边境地区划分成若干军区,每个军区设镇抚使主持防务,任职没有资历上的硬性规定,说白了就是,无论是谁,只要愿意帮朝廷御敌,都可以担任镇抚使。

这实在是一个赤裸裸的阳谋。由于边境地区基本由流寇、盗匪、溃散士卒所占据,成分复杂,各怀鬼胎,在宋金之间游离不定,设立镇抚使的目的正是拉拢其众与敌周旋,最好拼得两败俱伤,一了百了。

朝廷共分四批任命了近三十位镇抚使，岳飞位列第三批第三位，授通、泰镇抚使。岳飞的反应是坚决请辞，并愿以母、妻并二子为质，请求到淮南路前线择一军事重地任职，他显然看得出朝廷根本没把他当成自己人，甚至镇抚使的任命还是由御前右军都统制张俊出面保举才获得的[5]。

他难免对当前的际遇唏嘘不已：先投张所，张所素与黄潜善势同水火；再投宗泽，抗金立场坚定的宗泽最让官家厌烦；又归杜充，杜充变节降金更让官家恨之入骨。作为这些人的下属，岳飞每走一步都与官家构建的核心圈子渐行渐远，这自然是当初越职进言被开除军籍附带的恶果，反观张俊、刘光世、韩世忠，他们第一时间追随官家南渡，并在平定苗刘兵变中立下大功，理所应当成为建炎集团根正苗红的嫡系亲将。

不曾拥有共患难的情义，先天便少了信任的土壤。体现在官阶上，此时刘光世已是武官最高级别的太尉（二品），张俊领定江、昭庆二镇节度使（从二品），韩世忠领武成、感德二镇节度使，岳飞却只是不受朝廷待见的利用工具，这种境遇直到他蒙冤被害都不曾彻底扭转。

## 二

绍兴三年（1133）秋，岳飞赴临安觐见高宗。三年间，他在江南剿贼劳苦功高，先后平定李成、张用、曹成等多处叛乱，这才摆脱了镇抚使的尴尬，并在张俊的盛赞下奉诏前来行在奏事。

官家居住的大内位于城池最南端的凤凰山麓，官衙、店铺、住宅全在大内北面，和宁门外作为南北中轴线的十里御街在绍兴初年尚不能称为御街，仅是一条坑坑洼洼的土路。当岳飞走进尚显简陋的大殿，极力将酝酿许久的胸中韬略及边境战事向官家奏陈，结果赵构却莫名其妙说了句："如李成归国，朕当以节度使待之。"还希望岳飞发扬风格，派人去劝李成拨乱反正，这句话无疑是对岳飞浴血奋战的莫大侮辱，手下败将接受招安便可担任从二品节度使，征战八年、筚路蓝缕的自己却还只是个从五品的镇抚使。

事后，赵构意识到在岳飞面前如此高规格评价一个反贼甚为不妥，便将岳飞晋升为正四品的镇南军承宣使，驻军江州，赏赐衣甲、弓箭、战袍、金带，在升官敕令中盛赞其"料敌出奇，洞识韬钤之奥；摧锋决胜，身先矢石之危"，还要在临安为其建造府第，岳飞上疏辞谢：敌未灭，何以家为？赵构甚是喜欢这句勤于国事的对答，继续询问："天下何时太平？"岳飞答："文臣不爱钱，武臣不惜死，天下太平矣。"耿耿丹心令赵构大为慨叹，亲笔写下"精忠岳飞"四字，命其绣成大纛，以示恩宠。

其实岳飞要的并不多，来自官家的认可和支持足矣。多年来拼死征战，驱逐金贼、收复河山的意志从未动摇，沸腾的热血不允许他在军情似火的前沿阵地浪费太多时光。他当即上书请战，起兵过江收复襄阳六郡，一步一步完成当初在太湖之滨张渚镇所写《五岳祠盟记》中提及的夙愿："北逾沙漠，蹀血虏廷，尽屠夷种。迎二圣，归京阙，取故地，上版图，朝廷无虞，主上奠枕，余之愿也。"

仅耗时两月有余，岳飞便顺利收复六郡，升为清远军节度使、湖北路荆襄潭州制置使，这一年，岳飞年仅三十二岁，成为有宋一代最年轻的建节者。

此后，岳飞又平定湖南杨幺、钟子仪叛乱，晋升为荆湖南北、襄阳路招讨使，加检校少保，收编洞庭湖水军精壮主力约六万，兵力达十万余，一跃超过韩世忠、张俊，且获贼舟千余，鄂渚水军为沿江之冠。至绍兴七年（1137），岳飞官拜太尉、武胜定国两军节度使、京西湖北宣抚使，成为与张、刘、韩三人并驾齐驱的军事重臣。

十年前，岳飞还只是被削夺军籍的白身，如今资历最浅、年纪最轻者却在军事实力上独领风骚，让其余三人相形见绌。

三人之中，资历最深的刘光世贵为名将之后[6]，纨绔习气甚深，用兵风格是本人绝不上阵，只派偏将出战，美其名曰"老成持重"，实则贪生怕死，且平日奢靡无度，军纪极差，恐金情绪最重；张俊近年战功多与岳飞有关，其人生性贪财，专以搜刮为乐，因曾为岳飞上级，对其忌恨最深；韩世忠倒是取得过黄天荡大捷[7]，威名赫赫，历来战事总是出兵最积极，可惜战功却寥寥。

岳飞深知晋升太快容易遭嫉，他前后给张、韩二人写信三十余封，并在剿灭杨幺之乱后给二人各送一艘在洞庭湖缴获的战船，真诚表达了自己从未忘记张俊的提携之恩，更希望与韩世忠结交。

老领导张俊收下礼物，却将之视为一种炫耀，怨恨之心更甚，倒是泼皮出身诨号"韩泼五"的韩世忠表现出惺惺相惜的英雄气概，愿意与岳飞结为至交。

绍兴七年（1137）正月，金国向南宋通报了徽宗的死讯，实际上，赵佶死于两年之前，如今却只被人轻蔑不屑地一笔带过。大概正因如此，赵构表现出异乎寻常的愤怒，很快，他在寝阁单独召见岳飞，义愤填膺地下达委任状："中兴之事，朕一以委卿，除张俊、韩世忠外，其余并受卿节制。"

按照赵构话中之意，岳飞节制的范围应包括先前被解除军权的刘光世行营左护军（淮西军）、吴玠行营右护军[8]及三衙（殿前司、侍卫马军司、侍卫步军司，合称三衙）禁军，加上岳飞十万人马，共计二十六七万人，几乎占全国七分之五的兵力。

岳飞异常激动地亲笔写下《乞出师札子》，并特意表明："异时迎还太上皇帝、宁德皇后梓宫，奉邀天眷，以归故国，使宗庙再安，万姓同欢，陛下高枕万年，无北顾之忧，臣之志愿毕矣。然后乞身归田里，此臣夙夜所自许者。"

奏疏中，岳飞只提到徽宗及皇后，没将钦宗并称，钦宗仅被归入天眷之列，等于不再承认钦宗的皇帝身份，可见"迎回二圣"的政治口号岳飞从此也不提了。赵构阅后自然满意，亲笔批示："有臣如此，顾复何忧。进止之机，朕不中制。惟敕诸将广布宽恩，无或轻杀，拂朕至意。"

原本集结各路人马北伐的格局已成，但时任右相兼知枢密院事的张浚却不愿让岳飞"节制诸路"，独占这泼天大功。与"中兴四将"出身不同，张浚属于正儿八经的进士，苗刘兵变时最先筹划营救官家，功劳最大，深受赵构信任，但张浚志大才疏，生性善妒，他始终认为自己才是统率各路大军挥师北伐、实现中兴大业的不二人选，因而一直希望将刘光世行营左护军收入囊中，建立一支直属部队。

在正式诏命下发前，张浚找来枢密使秦桧一同觐见赵构，史书并未记载二人究竟对赵构说了什么，但很快赵构便降诏让岳飞先不要忙着收编淮西军马，先去找张浚谈话。

事后来看，如果张浚能与岳飞推心置腹、开诚布公，实事求是说明情况，以岳飞豁达的性情，自然也能体谅官家的难处。

可张浚却不知何故，矢口否认朝廷对岳飞兼领淮西的任命，把思想工作做得极度失败。

张浚问岳飞："朝廷准备任命王德为淮西军总管，郦琼为副总管，再命吕祉以都督府参军的身份节制二人，太尉以为如何？"

岳飞对张浚这种揣着明白装糊涂的态度很不高兴，强压心头的怒火，低声回道："王德和郦琼二人素来不和，吕祉又是一白衣书生，如此搭配恐有不妥。"

张浚又问："那你的老领导张俊怎么样呢？"

岳飞沉吟片刻道："张宣抚性格暴躁，不善驭人，恐怕也不理想。"

张浚阴沉着脸再问："那么杨沂中应该合适？"

岳飞却摇了摇头："杨沂中骁勇善战，与王德类似，既然王德不行，杨沂中肯定也不行。"

张浚的嘴角顿时浮起一丝带着冷意的微笑："如此看来，淮西军非太尉你来统领不可了！"

张浚的阴阳怪气彻底激怒了岳飞，他愤然直目，高声回道："难道我是为一己私怨随口乱说吗？你未免太小看我岳飞了！"

说罢，岳飞拂袖而去，随即向朝廷请奏辞职，然后连批复也不等，擅自将军务交给副手张宪代管，独自一人回庐山给母亲守孝去了。

## 三

最让人不屑一顾的人，却永远是最先去构陷别人的人。赌气出走的岳飞极大地得罪了张浚，他多次上疏弹劾岳飞处心积虑兼并淮西，不经请示擅离职守更是要挟朝廷，只为扩军自肥。

赵构同样对岳飞大为光火，他很自然地把岳飞一言不合就撂挑子的举动理解为恃宠而骄、目无朝廷法纪。为了让岳飞低头，赵构用了一种很毒辣的手段：命岳飞两大得力助手李若虚和王贵前往庐山，劝说岳飞返回；如果劝不回来，二人就要受军法处置。

李若虚二人只得硬着头皮来到庐山，苦口婆心多次劝说，岳飞仍是赌气不听。僵持到第六天，李若虚只好直接把话挑明："岳帅，你出身农户，受天子厚恩，得以坐镇一方，如今你不经请示擅离职守，依军法与临阵脱逃无异，陛下非但没处分你，还让我俩来此劝你回去，这种天大的恩德，你难道一点都不体谅吗？我二人死不足惜，可你呢？当真要在庐山了此余生吗？当真不怕陛下疑心吗？"

这番重话终于让岳飞猛然醒悟，他立即下山返回驻地，然后连上三道奏疏向朝廷请罪。

赵构的回复却很值得玩味："朕知道你是个直人，直人没有异心，所以朕并没有生你的气，否则必有重罚。朕记得太祖皇帝曾言'犯吾法者,唯有剑耳!',希望你引以为戒,好自为之!"

刚批判完岳飞,赵构便听从张浚提议,命刘光世副手王德为淮西军都统制,郦琼为副都统,张浚头号心腹吕祉加兵部尚书衔"节制"二人。如此,张浚总算是将淮西纳入己手。但局势恰恰不出岳飞所料,性格强悍的王德甫一上位,就跟副手郦琼闹了起来,郦琼也不愿吃暗亏,私下拉拢淮西诸将不听王德调度。

吕祉见双方火药味十足,密奏张浚尽快派遣大军进驻,可吕祉却未做好保密工作,消息很快泄露了出去。郦琼一不做二不休,趁王德外出期间擒杀吕祉,随即率领全军四万多人及军区内十余万百姓投降了伪齐[9]。

南宋建国十一年来,总兵力才四十万有余,一着不慎,国家十分之一的方面军居然集体叛变。尽管岳飞第一时间上疏请求集结全军进屯淮西,趁势北伐,赵构却选择将岳飞兼领淮西大举北伐的计划一笔勾销,"淮西兵叛,事既异前,未遑亟举",然后急命张俊率众移驻,张俊却借口仓促间难以部署,不愿收拾烂摊子。

淮西军变的阴云尚未消散,当年秋,岳飞通过情报得知金国意欲拥立钦宗之子为帝,坐镇汴梁与临安分庭抗礼。

忧患意识就像一棵树苗,即便在干涸龟裂的土壤中也能茁壮生长，这种情感愈是强烈，根茎就愈发顽强。岳飞深感兹事体大，斟酌再三，他决定做一件众人皆知却不敢直言的大事：劝官家尽早立储！

前往临安陛见路上，参谋官薛弼见岳飞每日躲在船舱猛练小楷，甚觉蹊跷。直到入殿奏对之时，站在岳飞身后的薛弼见久经沙场从不畏惧的主将却神色紧张，捧着那封亲笔书写的札子艰难地读着，声音止不住颤抖，居然有些读不成句。

立储的请奏刚一脱口，薛弼便吓了一大跳，而官家原本和善的脸色也霎时被一片阴云笼罩。尽管此时岳飞的声望如日中天，官家仍然厉声批评道："朕知道你的提议是出于忠心，可你身为统帅，手握重兵，立储之事不是你该考虑的！"

问题的严重性并不止于岳飞当众揭露赵构无子的隐痛，更在于他不经意间触犯了自古以来封建君主最大的忌讳：手握重兵的一方统帅如果表露出对皇位继承人人选的兴趣，日后势必威胁皇权。

如果说淮西军变让赵构彻底明白武将绝不可轻信，那么岳飞密议建储更是让他下定决心重塑大宋文治传统。表现在行动上，就是命岳飞整军北伐前，赵构曾颇为自信地对众臣说："卿等皆言不应再给大将增兵，朕看不尽然，汉高祖打天下时诸将各带兵马十余万，高祖并未疑神疑鬼，所以才能鼎定天下。"

但淮西军变一年后，赵构却与监察御史张戒进行了一场意味深长的密谈。

张戒："诸将权太重。"

赵构："若言跋扈则无迹。兵虽多，然聚则强，分则弱。虽欲分，未可也。"

张戒："去岁罢刘光世，以致淮西军变。今虽有善为计者，陛下必不信。然要须有术。"

赵构："朕今有术，惟抚循偏裨耳。"

张戒："陛下得之矣，得偏裨心，则大将之势分。"

赵构："一二年间自可了。"

这实在是一个非常阴毒的计谋，不仅有方法，而且有时限。赵构有九成把握削夺武将兵权，当此之时，刘光世被罢职闲居；张俊可以忽略不计；吴玠远在川陕，近年来好美色，喜丹药，沉迷物质享受，早已不复当年之勇；真正站在风口浪尖的，仅剩岳飞、韩世忠二人。

事实证明，不彻底让岳、韩二人俯首缴械，就永远换不来彻底的安宁。绍兴八年（1138）末，当秦桧以宰相身份代替官家跪在金使脚下换来一纸和议的消息传到楚州，韩泼五本色发作，在淮阴埋伏人马假装流寇，打算袭杀金国使团，破坏和议。可惜有人提前告密，使团改道直奔张俊辖区，安全北返。

再看岳飞，闻听议和已成，他立即让幕僚张节夫起草《谢讲和赦表》，强调"唾手燕云，终欲复仇而报国；誓心天地，尚令稽首以称藩"。奏疏刚至临安，岳飞又接到赵构亲笔诏书以及由正二品太尉进秩从一品开府仪同三司、升武昌郡开国公的"升官制"，制词中对其大为褒奖："霍卫有闻，沉勇多算。有岑公之信义，足以威三军；有贾复之威名，足以折千里。临敌而意气自若，决策则机智若神。"

赵构将岳飞称为西汉卫青、霍去病，东汉岑彭、贾复，这是对武将至高无上的赞誉。从一品开府仪同三司，地位仅次于不常设的一品"三太三少"（太师、太傅、太保、少师、少傅、少保）；武昌郡开国公，再往上就是封王了，已是位极人臣。最高标准的礼遇，只为换来一句"同意"。

可赵构得到的回复却是："今日之事，可危而不可安，可忧而不可贺，可训兵饬士谨备不虞，而不可论功行赏取笑夷狄。"

岳飞居然用几近嘲讽的言辞批评官家，令他失望的，远不是时局的艰难，而是明明有机会收复河山，偏要自己戴上名为安民济物、实则苟且求生的漂亮面具。岳飞永远不能理解赵构对议和的执念，就像赵构同样不能理解岳飞对北伐的倔强，但赵构总会用钢铁一般的手段粉碎任何掌控之外的反抗意志和异化倾向。岳飞只能仰天长叹，无能为力。

## 四

绍兴十年（1140），金国统帅完颜宗弼悍然撕毁和议，再一次大举南侵。此次交锋，受命北伐的岳飞在郾城大破金军精锐"铁浮图""拐子马"，又在颍昌杀得"人为血人，马为血马"，自靖康南侵至今，金军从未遭受如此惨败。岳飞乘胜进据朱仙镇，此时太行山脉与河南河北地区义军已发展到四十余万，纷纷打出岳家军的旗号，乘势而起，恢复中原的最佳时机已到，异常激奋的岳飞对众将说："此番我们直捣黄龙府，当与诸君痛饮！"

八年前，岳飞曾因醉酒殴打同僚，官家告诫他酒大伤身且误事，岳飞从此滴酒不沾，如此坚忍不拔的毅力，似乎也让完颜宗弼意识到，岳飞是横亘在他眼前的一座不可逾越的高山，面对不可战胜的对手，他被迫下令将燕地辎重北运，做好随时放弃中原的准备。

恰在此时，某书生用一句话点醒了他：自古未闻有权臣在内，大将能立功于外者。此话说得极对，远在临安的官家早已坐立不安，岳飞的战绩实在令他瞠目结舌，岳家军确乎具备了在平原决战中正面击溃金军铁骑的强悍实力，这绝不是赵构想看到的。在他的设想中，重塑文治帝国、绝无军权威胁君权的既定国策，远比收复中原更为紧迫。于是，岳飞一日之内收到十二面金牌[10]，内容完全一样：岳飞孤军深入，不可久留，速撤军返京述职。

尽忠报国，忠君总是第一位的，岳飞的立场不允许他不听诏令，同时由于张俊、韩世忠部纷纷南撤，既无后方支援又缺乏支线配合，深入河北平原与敌主力决战，仅靠浴血奋战的岳家军是根本不可能实现的。

> 怒发冲冠，凭栏处、潇潇雨歇。抬望眼，仰天长啸，壮怀激烈。三十功名尘与土，八千里路云和月。莫等闲，白了少年头，空悲切！
> 靖康耻，犹未雪。臣子恨，何时灭！驾长车，踏破贺兰山缺。壮志饥餐胡虏肉，笑谈渴饮匈奴血。待从头、收拾旧山河，朝天阙。

非至刚至性之人，绝对写不出如此壮烈之词，也正是这等至刚至性之人，才会在班师途中仰天悲叹，愤懑泣下："所得诸郡，一旦都休！社稷江山，难以中兴！乾坤世界，无由再复！"

岳飞走过漫长的道路才接近汴梁，他的梦想似乎近在咫尺，唾手可得，几乎不可能抓不住，其实那个梦早已远他而去，永远消散在临安的政治黑幕中。一年后，张俊、韩世忠、岳飞同时被调离军队，张、韩升枢密使，岳飞升枢密副使，撤销三大将统辖的宣抚司，军队番号一律改为御前诸军，各部队统制官独立建制，对枢密院直接负责，不得与原主将接触。

　　作为回报，赵构在临安为功臣良弼精心挑选了大片空地用以修建住宅。张俊府在清河坊，韩世忠府在前洋街，刘光世府在明庆寺南，杨沂中府在清河坊，岳飞的府邸则位于钱塘门纪家桥北国子监旁。

　　三大将被收回兵权后，一张由赵构幕后指挥、秦桧人前主持的巨网悄然拉开。韩世忠成为第一个受害者。鉴于韩泼五性情张扬，又格外好色，甚至连部下的妻妾都要霸占，想在他身上安插些罪名实在容易。秦桧命张俊、岳飞前往韩世忠先前驻守的淮东大本营视察，实则趁机肢解韩家军并编造韩世忠叛逆不轨的罪证。

　　岳飞毫不掩饰对秦桧的厌恶，不仅拒不配合，反而写成密信，火速向韩世忠通风报信。韩世忠闻讯，几乎魂飞魄散，即刻进宫跪在官家面前痛哭流涕，指天誓地，称绝无异志。赵构大概回忆起韩世忠一桩桩从龙救驾之功，决定放过韩世忠。他自然清楚，告密者必是岳飞，韩世忠不死，那岳飞注定要成为最终的牺牲品。

　　很快，御史中丞何铸、右谏议大夫万俟卨、殿中侍御史罗汝楫弹劾岳飞四大罪状：一是自登枢管，郁郁不乐，日谋引去；二是倡言楚州不可守，沮丧士气，动摇民心；三是两次应援淮西坚拒明诏，不肯出师；四是尝对人言"此官职，数年前执政欲除某而某不愿为者"，妄自尊大，肆无忌惮。

赵构随即降诏，罢免岳飞一切职务，改任万寿观使，岳飞自请回庐山为母守孝。岳飞前脚刚走，秦桧便派张俊前往岳家军驻地视察，趁机拉拢、胁迫岳飞手下受过责罚而怀恨在心的将领，很快，王贵、王俊等人相继背叛岳飞，张俊便以岳飞及其子岳云、心腹张宪意图谋反之罪结案上报朝廷。

赵构亲自下旨，对岳飞特设诏狱，命何铸为主审官。当岳飞在廷前据理力争，并袒露背上"尽忠报国"四个刺字时，何铸实在审不下去，便如实禀报秦桧："强敌未灭，无故戮一大将，失士卒之心，非社稷之长计，日后社稷有难，谁去定国安邦？"

秦桧却冷冷道："此上意也。"主审官又换成万俟卨，万俟卨用尽手段，也无法使岳飞屈招一字。为坐实冤狱，万俟卨又为岳飞罗织所谓"指斥乘舆""坐观胜负"等数条罪名，必欲将岳飞定为死罪。

群臣激愤之中，韩世忠找秦桧询问实情，秦桧含糊对曰："飞子云与张宪书虽不明，其事体莫须有。"韩世忠愤然道："'莫须有'三字，何以服天下。"

韩世忠实在幼稚，政治黑幕对无辜者的迫害，恰恰不需要让天下人信服。绍兴十一年腊月二十九日（1142年1月27日），岳飞被赐死于大理寺，长子岳云、心腹张宪斩首，六十余日后，宋金"绍兴和议"[11]最终达成。

## 五

绍兴十一年（1141）年初，赵构曾与张俊有过一次御前对答。赵构看似无意地询问张俊："卿读过《郭子仪传》吗？"

张俊当然记得十年前官家曾御笔手抄《郭子仪传》遍赐诸将，读肯定是读过，但他不知官家究竟做何试探，只好惶恐地答："臣生性懒散，不曾读过。"

赵构喟然长叹："郭子仪适逢安史之乱，社稷倾危，他虽掌重兵，却始终心存朝廷，一旦天子降诏，他总是热忱响应积极入朝，绝无一丝顾虑，因而位极人臣，子孙也长享福祚。卿统兵八万，若能像郭子仪那般知晓尊卑荣辱，忠心侍君，不仅自己终身受益，子孙必定富贵荣华，希望卿细细思量！"

官家的语气似是平淡，却像一记耳光狠狠抽在张俊脸颊之上，他虽是庸碌之才，听声辨义的本领却是一流，他哪里听不出，官家是在警告他不要再像淮西军变时那样轻视朝廷诏令，有旨不遵。这种类似的警告，赵构自然也对岳飞说过，岳飞却始终没有张俊这种"觉悟"，他如昏暗的天空中突然闪出的一抹耀眼的光芒，迅速成为国家中兴的最大希望，同时又不幸成为赵构彻底根除武将痼疾、重铸文治王朝的最大障碍。

岳飞自始至终从未有过任何拥兵自重、忤逆君主的表现，赵构也并不缺乏领导岳飞的手段，更没有怀疑其有异志。岳飞非但对赵构忠诚无二，还是个道德完人。

岳飞的道德操守，源自家风的影响。岳家世代耕种，至岳和（岳飞之父）一代尚有贫田数百亩，由于河北连年歉收，饥民随处可见，岳和常将粗米和蔬菜混在一起做粥，与家人早晚各一顿，仅吃半饱，剩余的粮食全部无偿分与饥民食用。岳家地多，乡邻总会偷偷侵占，岳和并不计较；有借贷却逾期不还的，岳和直接将到期的借据撕毁，因而备受乡里敬重。

尽力造福他人，只会让自家愈发贫困，岳飞出生时，家中已经经常点不起蜡烛，想要读书，就得白天去捡树枝，晚上燃起照明。师父周侗死后，岳飞每逢初一、十五都会到师父墓前祭拜，甚至偷偷卖掉个人衣物为亡师购置供品，岳和对此颇为赞赏："日后汝为国效命，当会献身社稷吧！"

一个人活着是为了自身的存在价值，而非其他的额外需求。岳家军初见雏形时，岳飞便严明军纪：冻死不拆屋，饿死不掳掠。他不仅对将士要求极严，对长子岳云亦无任何关照。某次，岳云操练时不慎翻身落马，岳飞大怒："前驱大敌，亦如此耶！"当即下令要将岳云斩首，经众将说情才改为责打一百军棍，打得岳云多日不能下床。

岳飞本有结发妻子刘氏，从军后留刘氏在家乡汤阴照顾老母。可刘氏却不满丈夫常年征战在外，居然在金人攻占汤阴时抛下老母幼子独自逃命，辗转嫁给韩世忠军中一个小小押队为妻。

后来韩世忠无意中得知实情，江湖义气突然发作，写信通知岳飞可以将刘氏带回，押队也任凭岳飞处置。然岳飞非但没有惩罚前妻，还派人送去了五百贯钱，算是给刘氏一笔分手费。

实际上，岳飞自始至终都对刘氏的卑劣行为恨之入骨，他曾在给赵构的奏疏中谈及此事："履冰渡河之日，留臣妻侍老母，不期妻两经改嫁，臣切骨恨之。"作为听众的赵构看后同样义愤填膺："此妇不孝义，不配做人妻。"

把仇恨死死摁在心中，绝不做快意恩仇之事，恰恰彰显着岳飞高尚的品格和过人的胸怀。右护军吴玠一向对岳飞钦佩有加，得知岳飞家中仅有续娶的妻子李氏一人，便花重金买下一位美女送给岳飞当侍妾，岳飞却拒不接受，还写信告诫吴玠："主上宵衣旰食，岂是大将安乐时？"

刘光世、张俊等人本质上对社稷、对故土并不十分牵挂，至少不会放在个人利益之前。相较于张俊、刘光世贪婪好财，韩世忠、吴玠荒唐好色，岳飞显然过于完美，他不爱官、不爱钱、不爱美色、不爱田产，朝廷俸禄赏赐、地方财政所得均用来充当军费、锻造军器，毫无政治及生活污点，确实会让赵构感到不好控制。

任何世俗权威都没能消磨掉岳飞血气方刚、绝不妥协的脾性，更不会让他自愿接受教训，拥护求和偏安的政治立场。他永远得不到足够的热量，所以自我燃烧，哪怕将躯体烧成灰烬，精神却是不朽的。可惜急于偏安的官家总是带着新的恶意、猜忌、提防，一次又一次要把他推向死亡的结局。

岳飞之死的根源，许多人认为是来自金国的压力，毕竟完颜宗弼在给秦桧的书信中特意强调："必杀飞，议可成。"实际上，岳飞之死并不在于金国的威胁，而在于其与南宋既定的削弱武将国策的矛盾。岳飞作为最坚定、功勋最卓著的主战将领，赵构费尽心思炮制冤案，必欲置其于死地，只是为了重塑文治、杀一儆百，岳飞一死，崇文抑武不会再有任何阻力，南北和议也自然不会再有人激烈反对了。

岳飞死后，官方迅速销毁了有关岳飞的一切痕迹，根据南宋律法，在大理寺狱中被处死的犯人尸体必须就地掩埋，不得认领尸身。按照赵构的毒辣设想，他就是要让岳飞长眠在众多无法辨认的枯骨之中，最好永远不会被人发现。

幸有狱卒隗顺冒死将岳飞的尸首背出，趁夜翻出钱塘门，将岳飞葬在了九曲丛祠。他在坟前种下两株橘树作为标记，并煞费苦心地在墓碑上刻下"贾宜人之墓"，以免被人发现。

朝廷亲手毁掉的精神图腾，后由岳霖、岳珂两代人重新塑造。岳霖是岳飞第三子，岳飞遇害时，岳霖年仅十二岁，与父亲很少相处。岳珂是岳霖之子，岳飞殁后四十二年出生。岳霖父子两代人都未能追随先辈上阵，甚至不能清楚记得先辈的音容笑貌。岳飞死后，全家流放岭南，二十年后方得昭雪。岳霖北返后广泛搜集父亲遗事，再经岳珂继续搜求，将私人修撰的笔记、野史、文章与官方史籍记载相互印证，穷尽精力编成《鄂国金佗稡编》《鄂国金佗续编》五十八卷。

可惜，南宋史上最热血的一个时代早在那一夜就被无情终结了，慷慨激昂的一代人、壮怀激烈的一代人、勇敢抗击侵略的一代人随着岳飞被赐死也顷刻间销声匿迹了。

岳飞死时，吴玠已病逝于仙人关，刘光世正病卧于临安那座豪华的宅邸中苟延残喘，张俊则彻底从主战派倒向求和派，协助秦桧伪造证据，促成岳飞冤狱，可惜绍兴和议达成时被秦桧卸磨杀驴，贬为闲职，好在只是职务的贬谪，并未给张俊的敛财事业造成太大影响。赋闲后，张俊涉足地产业，兼并土地广建宏厦，仅收租一项每年就有七万贯的进项，为防贼偷，他将赚来的银两重新熔化铸成一千两一个的大银球，取名"没奈何"，一时沦为笑谈。

而最有江湖义气的韩泼五在岳飞被诬陷入狱后，也曾彻夜难眠，不知如何施以援手，满腔的热血最终在"擂鼓战金山"

的巾帼女英雄、爱妾梁红玉的一句"如之奈何,闭门自保吧!"中化成了一声长叹……身处风刀霜剑的政治迫害中自称"清凉居士"的韩世忠,从此闭门谢客,口不言兵,时常骑驴携酒,带一两名仆人,纵情游览西湖。

有时候,转身离开要好过假装若无其事的坚持,骄奢如刘光世者、贪财如张俊者、绝望如韩世忠者,总算都在临安赢得了浮生片刻的清闲,却输掉了一个伟大的时代。

注释

[1]武翼郎:北宋末期厘定武阶官体系,自太尉(正二品,武官之首)至承信郎共五十二阶,南宋绍兴年间增为六十阶,依官阶分为太尉、横班正使、诸司正使、横班副使、诸司副使、大使臣、小使臣、无品尉勇共八级。武翼郎为五级诸司副使,从七品。

[2]敢战士:民间自行招募的兵勇,非正规军,迎击敌人骑兵时须持枪站在最前面抵挡冲锋。

[3]统制官:宋朝军制分军阶与军职两大类,军阶代表官员品级,军职为具体任职,分将校(军官)、节级(士官)、长行(士卒)三类,将校又分八级:都统制、统制、统领、正将、副将、准备将、部将、队将。

[4]镇抚使:建炎四年(1130)五月,范宗尹奏请:"今日救弊之道,

当稍复藩镇之法，亦不尽行之天下，且裂河南、江北数十州为之，少与之地，而专付以权，择人久任，以屏王室。"（李心传：《建炎以来系年要录》卷三三）

[5] 建炎四年（1130）四月，岳飞归入张俊部下，为其平定戚方叛乱立下大功。

[6] 刘光世：镇海军节度使刘延庆次子。刘延庆多次参与西夏战事，累迁鄜延路总管，泰宁军、保信军节度使，宣和年间随童贯镇压方腊起义，靖康之变中兵败被杀。

[7] 黄天荡之战：建炎四年（1130）三月，韩世忠在镇江东面长江上用巨型战船截断金军北返之路，将金军逼入建康东北七十里处的黄天荡，以八千水军包围十余万敌人长达四十余天，因奸人出卖情报，金军从别处逃出包围圈，双方在建康以北的江面鏖战，宋军战败。

[8] 行营护军制：绍兴五年（1135），出于对金与伪齐战事所需，朝廷设宣抚使（行营长官）掌管一路或几路兵马粮草大权，具体可分为：行营左护军刘光世，屯庐州；行营中护军张俊，屯建康府；行营前护军韩世忠，屯楚州；行营后护军岳飞，屯鄂州；行营右护军吴玠，屯兴州。

[9] 伪齐：建炎四年（1130）金国扶植刘豫为大齐皇帝，节制河南、河北、山东等故宋沦陷区，绍兴七年（1137）被金人废除。

[10] 金牌：长约一尺的朱漆木牌，上书"御前文字，不得入铺"的金字，宋代凡赦书及军事上最紧急的命令用金牌，日行五百里，是宋代最

高一级的官方机要邮政快递方式。

[11] 绍兴和议：绍兴十二年（1142），宋金正式达成和议：宋向金称臣；双方划定疆界，东以淮河中流、西以大散关为界；宋割让唐、邓二州及商、秦二州之半予金；宋每年向金纳贡银二十五万两、绢二十五万匹，史称"绍兴和议"。

# 张孝祥 人间不失格

一

玫瑰色的曙光尚未铺满天际，临安已先被沿街的叫卖声徐徐唤醒。皇城和宁门红杈子外，十里御街自南向北延伸至众安桥下，诸类铺面波委云集，无论晴雨霜雪，每日四更伊始，诸山寺观钟鸣，庵舍行者头陀打铁板儿或敲木鱼儿沿街报晓，御街店面闻声而起，开张售卖早市点心，有卖炊饼、烧饼、糍糕者，有卖肉粥、素粥、粉羹者，有卖煎肉、海鲜、时新菜蔬果子者，林林总总，不胜枚举。

绍兴二十四年（1154）三月初九，和宁门比平时更加热闹，这一日，是唱名[1]日。顾名思义，唱名即宣布殿试名次，对于鱼跃龙门的天之骄子们来说，由官家亲自主持的唱名将是他们终生难忘的宝贵经历，没人不希望自己的名字早早出现。

两日前，阁门司[2]差舍人一员、承受二员在净慈寺教授众进士唱名礼仪,以免在殿上露怯,扫了官家的兴致。

唱名日当天,本届礼部试[3]第一名秦埙趾高气扬地走在队伍最前列,负责接引的礼部官员倒像是秦埙的仆从一般奉承讨好,秦埙却是连正眼都不给,自顾自地走进皇城大内,向大庆殿而去——按照"随事揭名"的原则,大庆殿今日应称为集英殿。

跟在秦埙身后的众进士谁人不知,秦衙内贵为宰相秦桧之孙、知枢密院事秦熺之子,有权势熏天的秦相亲自操盘,得个状元还不是手拿把攥。

此刻,二十三岁的张孝祥就在人群之中,那些充满羡慕抑或嫉妒的窃窃私语,他自然听得到,只是谁当状元并非他应该考虑的问题,明州张氏仅是当年靖康之难时从北方南迁的落魄官僚之家,保留官身的唯一依仗还是伯父张邵出使金国被拘押长达十五年——张邵属于苏武式的坚贞不屈的人物。素来擅长标榜忠义的朝廷当然不会亏待张家,张孝祥的父亲、叔父皆因张邵忠于社稷而补官,不过也算不上什么大官。

张孝祥将自己多年来的苦读岁月描述为"奋起于荒凉寂寞之乡,故别有超绝奋发之气",好在他本人资质超群,具备逆境破局的强大天赋,《宋史》称其读书过目不忘,属于标准的读书种子,《宣城张氏信谱传》也称他"文章俊逸,顷刻千言",总归不必遭受科场蹭蹬之苦,便顺利开启仕途。

本届殿试只考一篇策论，题目为"师友之渊源，志念所欣慕，行何修而无伪，心何治而克诚"。应付此等难度的试题，对张孝祥来说毫无压力，如何用生花妙笔写下华丽骈文歌功颂德、赞美社稷，他早已锻炼得炉火纯青。

在策论中，张孝祥说："社稷艰棘，陛下宵衣旰食，万幸上天庇佑，把秦桧这样的功勋元老送到临安，与陛下志同气合，不动声色便成就中兴伟业，如今四方协和，百废俱兴，虽尧舜禹三代亦难超越。今朝廷之上，盖有大风动地，不移存赵之心，秦相忠义凛凛，使大宋转危为安，又燮和天下，助王朝中兴，臣辈委质事君，愿视此为标准，志念所欣慕者，此也！"[4]

在主和派占据朝堂、擅专弄权的既定格局下，不拥护大政方针，不违心恭维秦桧，是绝无可能考中的，其中的利害关系，张孝祥不仅很懂，还愿意委曲求全。

然而君臣之间的政治博弈却不是张孝祥所能预料的。集英殿内，赵构正与秦桧及本届主考官魏师逊、汤思退等人敲定录取名次。

官家日理万机，数百名进士的试卷自然不能一一审定，按照惯例，官家只需根据主考官共同敲定的"三鼎甲"（科考前三名，即状元、榜眼、探花）最终拍板。

秦桧站在阶下悠然自得，魏师逊、汤思退都是秦党得力干将，自然明白秦桧的良苦用心，根本不需讨论，便心有灵犀地将秦埙定为状元。按照惯例，对主考官达成一致意见的评定，官家一般不提出改动意见。

不多时，赵构已看完三篇策论，他稍稍抬头扫了一眼秦桧，嘴角依然挂着那抹带有深意的微笑，随即提笔在钦定"三鼎甲"的御旨上圈出一个姓名，站在御案西侧的阁门官迅速上前捧起圣旨，将姓名告知阶下六名御前班直，班直走到殿外，面对一干新科进士齐声高喊：一甲第一名[5]张孝祥！

唱名重复了两三遍，张孝祥才难以置信地从鸦雀无声的人群中走了出来，站在了比秦埙更靠前的位置。即便提前接受过业务培训，可张孝祥还是过于激动，在班直对照考生信息核实户籍、父名时，磕磕巴巴答不成句。

直到张孝祥被班直护送走进集英殿后，人群这才在不可思议的惊叹中将目光齐齐对准满脸怒色的秦埙，他眼睁睁看着张孝祥夺走了本该属于他的无上荣耀。

比秦埙更加愤怒的是秦桧。当张孝祥喜出望外地走进集英殿，官家从头到脚细细将状元郎打量一番后，颇为认可地点了点头，秦桧猛然察觉在深谙帝王心术的官家面前，自己这点小心思根本上不了台面。

十二年前那场殿试，秦桧扭扭捏捏地欲擒故纵，将儿子秦熺的名次列为榜眼，心里想着凭借自己与金议和、杀害岳飞的泼天巨功，官家最终钦点名次时必然要顺水推舟将秦熺提为状元，如此既有了面子，也有了里子，又不会遭人非议。

可官家是何等精于算计之人，秦桧也好，岳飞也好，都只是他维护君权的棋子罢了。秦桧这等小伎俩逃不过他的法眼，他也偏偏不卖秦桧面子，对秦桧报上来的名次毫无改动，于是，秦熺没当上状元。

无限渴望秦家出个状元的秦桧这一次改变策略，结果希望再次落空，看来官家是永远不会让他如愿了。他肯定不敢质疑官家的选择，只好垂头丧气地代表官家再次向张孝祥核实户籍、父名，确认无误后，张孝祥便向官家恭敬叩拜，高声谢恩。

按照唱名流程，状元有权独班谢恩，随后榜眼探花两人为一班进殿谢恩，第四名至一甲末为一班，第二甲共为一班，其余三甲则不再唱名。唱名完毕，礼部官员会高举"金榜"领路，众进士出左右掖门，置榜龙亭，复行三叩礼。金榜要在门外张贴三日，再交回吏部永久封藏。礼毕，各人会拿到礼部证明录取名次的敕黄，再去吏部参加铨选授官，领取正式的告身。

流程烦琐复杂，张孝祥心情却是极度愉悦的，自始至终，他都走在队伍的最前列，狂喜地看着临安百姓投来歆羡的目光，十年寒窗，追功求名，这是对成就感的最大满足，更是对个人努力的最高褒奖。

## 二

万众瞩目，有时却并非好事，因为在无数双眼睛的注视下，很难分得清那些目光究竟是善意还是恶意。

繁杂隆重的唱名流程刚一结束，张孝祥就听到身后传来一阵刺耳的笑声："临安知府曹泳恭祝安国（张孝祥字）状元及第！"

曹泳，本为开国名将曹彬后人，属功臣勋贵，无奈官场浮沉望门投止，好不容易投入秦党，才得以步步高升。

此人惯于阿谀，侍奉秦桧极其尽心。某次，秦桧孙女丢了只名贵的狮子猫，曹泳闻讯立刻发动全城差役挨家挨户搜查，逮捕了几百人，抓来了几百只狮子猫，可惜都不是丢的那只。曹泳又命画师画了无数张猫像，张贴在各处茶楼酒肆，结果还是没有找到。找猫找得差点发疯的曹泳只好用黄金铸了只金猫，托人送进秦府才算了事。[6]

在本届预定的"三鼎甲"名单中，第一名是秦埙，第二名是张孝祥，第三名是曹冠（曹泳之子），读书人眼里至高无上的荣耀，不过是官家动动手指的小事。此番经官家刻意变动次序，张孝祥当上了状元，曹冠成了榜眼，秦埙落到了探花。原本只是陪秦埙上位的曹冠阴错阳差抢在了秦埙前头，但曹泳并不满足，当初为了依附秦桧，将女儿嫁给了秦熺，如今又要故技重施，招新科状元为婿。

曹泳开门见山："不知安国可曾娶妻成家？曹某倒是想与你攀门亲事。"

张孝祥听罢大吃一惊，曹泳身为秦桧亲信，如若应允岂不连自己也成了秦党成员，良心上过不去不说，再想脱离就更难了，何况他虽未成家，却已经在家乡有了儿子。

张孝祥十五岁那年，姑舅表姐李氏和他偶遇，接着自由恋爱，然后瞒着双方父母同居了。荷尔蒙四溢的青春，难免自带一些荒唐的成分，李氏未婚先孕，并在婚姻还八字没一撇的尴尬局面下，坚持把儿子生了下来。

没名分，无所谓；见不得光，无所谓；没人知晓，也无所谓。李氏心甘情愿默默陪着张孝祥。张孝祥要复习备考，李氏挺着大肚子，给他洗衣做饭、铺床叠被，一句怨言也没有。这边刚生下儿子，张孝祥那边就传来喜讯，顺利中举，有资格进京参加礼部试。李氏欣慰地给儿子取名张同之，就是希望儿子长大后能同父亲一样优秀。

从十六岁到二十二岁，也就是从李氏结识张孝祥开始到他动身赴京的六年，这是李氏这辈子最幸福的时光。张孝祥一直陪伴着李氏和他们的儿子，还放弃了一次参加礼部试的机会。当然，李氏的牺牲也很大，她断然拒绝与父母回老家安徽浮山定居，任凭父母如何劝说，她只有一句话："安国会娶我的，你们就放心吧！"

有时候，李氏心里也没底，因为张孝祥从没主动提过婚嫁，可她反过来又想结婚是早晚的事，张孝祥不提，自己也不好意思提。有时候，李氏又觉得夫唱妇随、恩恩爱爱的现状很美满，最好别被外界因素打扰，也别有变动，她甚至自私地希望张孝祥不要进京赴考。可惜，照顾家庭是暂时的，进京是必然的。到了第二次会试期，张孝祥就动身了。

送别之际，李氏望着恩爱了六年的夫君，终于说出了埋藏在内心深处长达六年的愿望："安国，待你进士及第，娶我可好？"

张孝祥轻轻地拥着李氏，在她耳边温柔地承诺："放心，我会的！"

承诺犹在耳边萦绕，曹泳那张如菊花般绽开的笑脸正凑在张孝祥眼前，满心希望他能一口答应。可张孝祥既不想依附秦党，又不好意思说自己未婚生子，万般无奈之下只得深深朝曹泳一揖，低着头一言不发。

沉默间，秦桧走了过来，曹泳便不好继续纠缠，张孝祥总算逃过一劫，然而面对秦桧，可比被曹泳"求婚"更加难挨。秦桧总认为自己的面子官家还是要给的，结果官家非但不给面子，还像是借擢擢张孝祥故意恶心他一番，所谓君恩深厚，全是虚情假意，但丢掉的面子还是要在张孝祥身上找回来，拿捏一个毫无背景的天之骄子，秦桧实在很有手段。

他似是闲逛地挡在张孝祥身前，瘦长的黄脸冷峻而扭曲，对着张孝祥打量了许久，方才冷冷开口道："官家不止喜欢状元郎的策论，也喜欢状元郎的诗与字，叹为三绝。敢问状元郎诗何体、书何字？"

张孝祥如实对答："晚辈诗法杜甫，字法颜真卿。雕虫小技，不敢受陛下谬赞。"

秦桧哂然一笑："哦，不愧是青年才俊，天下好事，君家都尽占！"说罢拂袖而去，这话中的忌恨，这拂袖的力度，都让张孝祥不寒而栗。

四月，张孝祥正式授官，以正八品左承事郎签书镇东军节度判官厅公事[7]。这是状元郎的标配，先外放基层挂职锻炼，很快便可回到中央。但秦桧却不会让张孝祥过得舒服，他策动御史污蔑张孝祥之父张祁在兄长张邵被扣留金国期间，竟奸污兄嫂，致其怀孕，张祁惧怕东窗事发，居然残忍杀害兄嫂。张祁以乱伦、杀人罪被打入死牢，秦桧趁热打铁，罗织了五十三名"逆党"的罪状，张孝祥就名列其中。

幸运的是，老奸相正待签署逮捕张孝祥的文件时暴病，终究没能拿起那支勾决人犯的名贵湖笔，张氏父子侥幸逃出囹圄。

此事对张孝祥造成了极大的触动，在秦桧滔天的权势面前，状元郎的身份并不能带给他一丁点助益，官家同样不会对他施以援手，他只是被用来敲打秦桧的棋子，官家用完后便再也想不起来了。

年纪轻轻的张孝祥还没有准备好规划未来，就带着一身的疲惫和自责回到家乡，他做出了一个选择：斩断与李氏的连理枝。

御史无中生有的诬陷令他心神俱伤，无罪都能判为有罪，若是被人知晓新科状元居然未婚生子，必然会被弹劾为品行不端，个人名誉和前程倒在其次，张孝祥实在不忍心老父亲再遭任何灾难。

李氏要去的地方，是她的老家安徽浮山。她带着儿子走的时候，与张孝祥相顾无言，泪水已打湿了衣襟。

曾经所有的畅想，以后都只存在于梦境里。李氏乘舟而去，只留给张孝祥一个背影，待背影渐行渐远，就只剩下漫天秋色了。

> 送归云去雁，淡寒采、满溪楼。正佩解湘腰，钗孤楚鬓，鸾鉴分收。凝情望行处路，但疏烟远树织离忧。只有楼前流水，伴人清泪长流。
> 霜华夜永逼衾裯，唤谁护衣篝？今粉馆重来，芳尘未扫，争见嬉游！情知闷来殢酒，奈回肠不醉只添愁。脉脉无言竟日，断魂双鹜南州。[8]

张孝祥伫立在溪楼之上，感受到浓烈的寒意，十年恩爱不得不以分别告终，李氏没有哭闹，只是默默地垂泪认命，张孝祥眼睁睁地目送，无力挽留。

她轻轻地解下腰间的玉佩，留给张孝祥作为告别的礼物，又将头上的金钗摘下，将两股分开，一股留给张孝祥，一股留给自己，铜镜也一分为二，期盼有朝一日可以破镜重圆。

张孝祥恨自己无力挽留深爱的女子，只能默默地站在楼前面对那长流的溪水，独自品尝悲伤、孤独的滋味。从今往后，无论是喜是忧，都再也没有李氏一同分享。

爱人走了之后，张孝祥一度很凄凉，霜华寒夜，不会再有人为自己添衣加裳、嘘寒问暖，生活还有什么意思呢？特别是回到两人的住处，张孝祥更是触景伤情。说到底，还是自私，还是不够爱。他甚至有点讨厌自己，为什么不敢承认自己有爱人、有孩子，大不了舍弃功名不要。可他却做不到，既放不下功名利禄，也放不下自己的脸面，他明显可以听到心碎的声响，仿佛有人高高举起他被剥光的灵魂疯狂嘲笑。

这很现实，也很悲剧。

## 三

斩断牵绊，等于自行消除了影响仕途的隐患，张孝祥好像突然来了运气，迅速被提拔为秘书省正字、秘书省校书郎、礼部员外郎、起居舍人、中书舍人，正式踏进高级士大夫的门槛，年纪却未及而立。从状元及第至正四品中书舍人，张孝祥仅耗时五年有余，其中还有将近两年的时间被秦桧压制，也就是说，满打满算只用了三年多。

对比张孝祥本人最崇拜的偶像苏轼，苏轼自进士及第到中书舍人，却整整花了三十年！

一年一提拔，一年一变动，春风得意，踌躇满志，当时名臣王十朋称其为"天上张公子，少年观国光"，不逊于当年贺知章对李白的"谪仙人"之赞。用张孝祥自己的话来形容，便是"日日青楼醉梦中，不知楼外已春浓。行行又入笙歌里，人在珠帘第几重"[9]。这个日渐繁盛的偏安王朝处处都是一派莺歌燕舞的景象，临安的臣民都在兴高采烈地追寻那种既不过于庸俗、廉价又不是很有艺术性的世俗快乐。

张孝祥升迁的过程恰逢绍兴末年临安城大改造，御街专供官家车驾通行的御道铺上了花岗石，两边则用香糕砖错缝砌成市民行走的过道，大内各座殿宇也逐渐有了画栋雕甍、巍峨壮丽的模样，城内各坊之间架设桥道互为勾连，宫观衙门、监当诸局、官舍馆驿、仓场司库乃至百姓住宅、商铺店面、勾栏瓦舍鳞次栉比，填满了整座城市。

十里御街随处可见诸类店面，红杈子前买卖细色异品菜蔬、各类下饭菜肴，填塞街市；孝仁坊口水晶红白烧酒味道香软，入口绵密；六部衙门前丁香馄饨味道香醇；其余各类特色吃食不胜枚举，如钱塘门宋五嫂鱼羹，涌金门灌肺，中瓦前皂儿水、职家羊饭、彭家油靴，杂货场前甘豆汤、戈家蜜枣儿，官巷口光家羹，猫儿桥魏大刀熟肉，朝天门朱家元子糖蜜糕……还有沿街售卖的各类日用百货，夜市三四鼓（更），游人始稀；五鼓钟鸣，早市又开店营业。万物所聚，处处各有茶坊、酒肆、面店、果子、彩帛、绒线、香烛、油酱、食米、下饭菜等铺，诸行百市，无一不卖。

衣食住行之外，还有娱乐场所瓦市[10]。清泠桥西熙春楼下有南瓦，市南坊北三元楼前有中瓦，市西坊内三桥巷有大瓦，众安桥南羊棚楼前有北瓦，各瓦市密集地分布着酒肆、茶肆、高档食坊名店、各类应季小吃铺面，形成一个个娱乐消费中心。

伴随着城市的繁荣，张孝祥的仕途步入快车道，大有手可摘星辰之势，一股激昂的情绪在他胸中迅速膨胀开来，继而又化作汹涌澎湃的奋进力量，那些被他珍视的理想此刻已然填满他的心房。中书舍人下一步便可晋升为御史中丞、开封府尹、翰林学士，而后六部尚书、参知政事、枢密使晋位二府（中书门下掌政务、枢密院掌军事）宰执，他还那么年轻，又那么有潜力，这不正是职级晋升最大的资本吗？

所谓人生就是这么回事，一如蒲公英被不期而至的风吹走，不得不在莽然的大地上彷徨。张孝祥以一种创造性的激情投入仕途，不断地增光添彩，用火热的状态和洋溢的青春把晋升宰辅的各种材料熔冶于一炉。作为官场的幸运儿，他不只有必需的材料，还有炼炉的三昧真火。这把火，就是汤思退。

秦桧死后，汤思退晋升宰相，作为张孝祥礼部试、殿试的"座师"，二人天然具备师徒联结。据《宋史》记载：孝祥登第，出汤思退之门，思退为相，擢孝祥甚峻。基于此，张孝祥一直很矛盾，如果汤思退不是秦党成员，自己就不必背负"汤思退门人"这一标签被朝中清流鄙视，可他又不可能不认他的座师，一入官场身不由己，要么接受要么拒绝，绝无中间地带。位高权重者手中掌握的资源足以改变许多人的命运，即便像张孝祥这般能写下璀璨文字的人，很多时候都要直面屈服权贵或是向往独立的困境，儒家所说的从心所欲不逾矩，在心里想想就好，当不得真的。

过分地标榜清高，在古代政治传统语境中几乎意味着步履维艰，得到汤思退的庇护越多，张孝祥就越能感受到压力像潮水般涌上来，他坚持奋力向前划，又尽量不让潮水淹没他的意识，冲垮他的精神。

有时候，他十分刚勇，入仕之初便公然上疏为岳飞鸣冤："岳飞忠勇，天下共闻，一朝被谤，不旬日而亡，则敌国庆幸，而将士解体，非国家之福也。今朝廷冤之，天下冤之，陛下所不知也。当亟复其爵，厚恤其家，表其忠义，播告中外，俾忠魂瞑目于九原，公道昭明于天下。"[11]奏疏上呈后，好友纷纷劝他不该如此鲁莽，得罪主和派一干奸佞能有什么好果子吃？张孝祥却义正词严地表示："无锋无芒，我当官干什么？有锋有芒却要隐藏起来，我当官干什么？知秦桧当政我怕他，我当官干什么？"

有时候，他又相当圆滑，为父亲谋求升迁时，他给声名狼藉的宰相沈该写信，夸沈该慧眼如炬、知人善任，还把沈该比作伊尹、太公在世，必能使四海承平。结果两年后沈该被罢相，时任中书舍人的张孝祥却在制词中说他既无清廉之心，又无宰相之才，最多只能管管地方州郡，还告诫他保全晚节，好自为之。

不管张孝祥内心对"汤思退门人"这一身份究竟是喜是忧，他的前途应该是一片光明的，但人的命运在变得显而易见或已成事实之前，总会很少被人察觉，人的自我认知或自我预测多半是无济于事的。看似占尽天时地利人和的张孝祥，晋升中书舍人不到两个月，意想不到的磨难就降临了。

御史中丞汪澈上疏弹劾张孝祥轻躁纵横，植党连群，虚伪奸猾不在卢杞[12]之下。汪澈是绍兴八年（1138）进士，比张孝祥大二十三岁，及第后一直郁郁不得志，四十八岁才堪堪踏进秘书省的门槛，与张孝祥的人生境遇可谓云泥之别。二人同馆修撰先朝实录，天才和凡人注定无法融洽共事，汪澈性格执拗，张孝祥少年轻锐，每每调侃老干部做事死板，汪澈终于忍不住恶言讥讽："安国读《汉书》否？蔡中郎[13]失身于董卓，故不为君子所与！"

汪澈不惜撕破脸皮，以蔡邕失身于董卓暗讽张孝祥师侍汤思退，为君子所不齿，说出了张孝祥最敏感、最不想听到的评价。他更愿意相信仕途猛进源自个人勤奋努力，如今却被说成因人成事，自尊心极强的张孝祥不得不出言回击："就你这种人也配在我面前谈君子？"

汪澈怀恨在心，刚升任御史中丞便弹劾张孝祥，结果"恩师"汤思退并未出手相救，而素来对张孝祥较为欣赏的官家也一反常态，不由分说贬其提举江州太平兴国宫[14]。临安城的天之骄子，就这么黯然离场了。

## 四

如此剧烈的变动打得张孝祥措手不及，前一秒还是政治新星，下一秒就被无情放逐，惆怅的情绪藤蔓似的将他团团勒住，无法呼吸。他没精打采地思忖着究竟错在了哪里，如果是自己的错，恩师汤思退为何袖手旁观？如果不是自己的错，为何要承受如此难堪的结局？

思想与现实之间的交道越复杂，就越容易陷入个人的苦海。实际上道理没这么复杂，官家当初如何敲打秦桧，如今就如何敲打汤思退，他需要的只是一个站在自己身前抵挡流言蜚语、维持南北和平局面的盾牌，绝不允许再出现第二个弄权的秦桧，选择罢黜张孝祥，只为给汤思退提个醒而已。

> 景萧疏，楚江那更高秋。远连天、茫茫都是，败芦枯蓼汀洲。认炊烟、几家蜗舍，映夕照、一簇渔舟。去国虽遥，宁亲渐近，数峰青处是吾州。便乘取、波平风静，荃棹且夷犹。关情有，冥冥去雁，拍拍轻鸥。
> 忽追思、当年往事，惹起无限羁愁。拄笏朝来多爽气，秉烛夜永足清游。翠袖香寒，朱弦韵悄，无情江水只东流。柂楼晚，清商哀怨，还听隔船讴。无言久，余霞散绮，烟际帆收。

所谓圣眷，根本就是虚无缥缈的东西。得到和失去，全是出于政治需要，无关个人情感。张孝祥心中泛起一股从未有过的刺痛感，那痛感始终以相同的强度袭来，从临安前往江州的路上，映入眼帘的尽是萧瑟秋意、败芦枯蓼，还有夕阳下荒村萧索、屋舍逼仄的压抑。临安的琼楼玉宇和鱼龙百戏都化作无情江水滚滚东流，张孝祥留在那里的印迹，犹如一颗石子扔进河里后水面浮现的涟漪,只有片刻的留存、不大的动静。在这首《多丽》中,他只得承认世俗的快乐跑得太快了,人生中最痛快最闲适的部分永远离他而去了。

正因如此,深陷泥潭的张孝祥彻底看清了政治究竟是什么样子,也看到了宦海沉浮之人共有的强烈渴望,他们从未真正摒弃过爬得比别人更高、掌握更多资源的官场欲望,也从未真正出发去寻找一条新的道路,于是只能迷失在自私自利的荒野,迷失在功名利禄的沼泽,最终消失在忧谗畏讥的历史洪流之中,留不下任何痕迹。

挫折和磨难给人的成长经验正在于此,没有留下伤痕,没有留下悲怆,就不会在心中荡起激烈的情绪。走过那些崎岖的弯路,亲身领教过政治内幕的凶顽,一个全新的彻底撕下"汤思退门人"标签的张孝祥站起来了,他终于认识到性格中所具有的坚韧将助推他追求更开阔的事业,成就更浩然的人生。

绍兴三十一年(1161)九月,金主完颜亮起兵六十万兵分四路南侵。国势倾危,激起了张孝祥潜藏在内心深处的激情,虽无实职,但他仍然密切关注战局变化,并致书大将李显忠、王权,据陈战略。听闻好友、同年进士虞允文取得采石矶大捷,以万余人马将十余万金军击溃在长江沿岸,致使完颜亮南下灭宋的计划全盘皆输,激动不已的张孝祥当即写下《水调歌头·闻采石矶战胜》：

> 雪洗虏尘静，风约楚云留。何人为写悲壮？吹角古城楼。湖海平生豪气，关塞如今风景，剪烛看吴钩。剩喜燃犀处，骇浪与天浮。
> 
> 忆当年，周与谢，富春秋。小乔初嫁，香囊未解，勋业故优游。赤壁矶头落照，肥水桥边衰草，渺渺唤人愁。我欲乘风去，击楫誓中流。

坚忍执着的欲望在升腾，挣脱了世俗权威的束缚，唤醒了词人豪放不羁的心性，疼痛归疼痛，总隐没不了发自肺腑的呼号，志向展现在眼前的是一种率真的美，充盈着新鲜空气。他一面歌颂官家"指挥夷夏无遗策，开阖乾坤有至神"（《辛巳冬闻德音其一》），一面又自嘲"小儒不得参戎事，剩赋新诗续雅歌"（《辛巳冬闻德音其二》），话里话外皆是渴望像虞允文那样在采石矶边奋勇杀敌，雪洗虏尘静，笑饮匈奴血。

大概正是采石矶大捷的酣畅以梦的形式穿越内心世界，抵消了一直以来苦苦纠缠他的对选择的犹豫，如同强劲的东风吹散空中浓厚的雾霭，只剩万里澄净。他知道自己不能再等待了，赋闲的日子水滴石穿般提醒着他，浑浑噩噩、无所事事只会让年华实实在在地老去。

得知淮西军变后被放逐近二十年的主战派最后一面旗帜——张浚即将被起用，张孝祥再也顾不得座师汤思退与张浚之间诸多的过往恩怨，立即前往建康府拜见张浚。

张浚总督中外军事的宰相气度令张孝祥折服，而后者卓然不群的才气也让张浚赞叹。谈到兴起，张孝祥在席间高声吟唱自己一生最著名的词作《六州歌头》：

> 长淮望断，关塞莽然平。征尘暗，霜风劲，悄边声。黯销凝。追想当年事，殆天数，非人力。洙泗上，弦歌地，亦膻腥。隔水毡乡，落日牛羊下，区脱纵横。看名王宵猎，骑火一川明。笳鼓悲鸣，遣人惊。
>
> 念腰间箭，匣中剑，空埃蠹，竟何成！时易失，心徒壮，岁将零。渺神京。干羽方怀远，静烽燧，且休兵。冠盖使，纷驰骛，若为情。闻道中原遗老，常南望、翠葆霓旌。使行人到此，忠愤气填膺。有泪如倾。

这首《六州歌头》是南宋豪放词中包容量最大、感情最真挚的绝美壮词。家国的情怀，故土的怀念，悲愤的胸臆，空老的岁月，统统囊括在词句之中，冲破了笼罩着人生的苦闷灰暗的迷雾，让精神完全凌驾于生活中暗淡无望的景象之上，饱含着对人生价值执着追求的气概、对建功立业收复河山执着追求的气概。烈士暮年的张浚听罢大受触动，当场罢席而去。

绍兴三十二年（1162）孝宗即位，重新起用张浚推进北伐，罢免主和派领袖汤思退。在张浚的推荐下，张孝祥复官为抚州知州，一年后，张浚主持的"隆兴北伐"惨遭失败，金军大举入境，孝宗不得已重新起用汤思退为相，着手与金议和。

北伐大业在张浚这一代已经无力施展了，被罢职前，张浚又一次极力举荐张孝祥，称其可堪大用，孝宗便将张孝祥从平江知府任上召回临安，尽管因北伐失利朝廷内议和声四起，张孝祥却全然不顾朝堂上的座师，劝说孝宗辨邪正、审是非、崇根本、壮士气，痛陈国家萎靡之弊，算是给孝宗低落的心情带来些许宽慰，遂恢复了张孝祥中书舍人之职，兼都督府参赞军事。张浚病逝后，张孝祥被外放为建康知府。

## 五

曾经的得意门生，如今已成水火不容的政敌，汤思退并不想浪费时间参详究竟是何缘由竟导致爱徒如此巨变，既然张孝祥投入主战派阵营，狠狠扫了自己的脸面，那就绝不能让他过得舒坦。

在汤思退的策动下，御史言官对张孝祥进行了激烈的批判，说他出入汤、张二相之门，两持其说，首鼠两端，可见人品卑劣。张孝祥还来不及对这无耻的批判做出回应，便被以妄议战端为由免职。

此次罢官，张孝祥表现得相当坦然，在残酷的政治斗争中，他早已领悟到比官职升迁更加重要的东西。在《太平州学记》中，张孝祥坦言：与恢复河山的千秋大业相比，个人进退实在不值一提，破除求和苟安的不正风气，需要更多像自己这种坚定不移的勇士，只要众人不懈奋斗，定能成功收复中原！

张孝祥把苏轼视为毕生偶像，曾经，他每写一篇诗文都要追问仆从和苏轼相比如何，仆从开始如实回答说不如东坡，张孝祥立刻回到书房废寝忘食继续写作，仆从怕他积劳成疾，以后但凡张孝祥发问，一律回答超过东坡。其实张孝祥与苏轼拥有相近的天分、襟怀，文风与苏轼较为接近，关于这一点，张孝祥的门下谢尧仁在《张于湖先生集序》中便说先生的文章如大海之起涛澜、泰山之腾云气，又说先生气吞百代而中犹未慊，盖尚有凌轹坡仙之意。

以往的书生意气、挥斥方遒，还是基于文章质量的比拼，认为文章超过苏轼便可洋洋自得；如今宦海浮沉，饱受辛酸，张孝祥的心境又恰如其分地向苏轼继续靠近，尤其是主政地方期间，他如苏轼那样放眼四海，处处不可不造福百姓，处处不可不匡正得失。

抚州知州任上，适逢军士哗变，士卒闯进县衙，包围府库，扬言要取走拖欠他们的军饷。危急关头，张孝祥单枪匹马从远处飞奔而来，厉声质问："尔等擅自离开军营，闯入县城，莫非是要造反不成！"哗变的士卒被他无所畏惧的气魄震慑，乖乖散伙回营写检讨。

在平江知府任上，张孝祥打击不法商人，处理积压案件，上书朝廷催拨赈灾款项，救助了许多濒死百姓。在潭州知州任上，张孝祥为政清简，劝课农桑，着力提升百姓生活水平。在荆州知州任上，张孝祥亲临水灾第一线，重修堤坝防洪，还加强武备，整修军塞，建仓储粮，赢得百姓一致好评。

乾道六年（1170）三月，决定归隐江湖的张孝祥辞官返回家乡芜湖，四个月后在泛舟芜湖时暴病而逝，巧合的是，他和岳飞一样只活了三十八岁。

张孝祥去世那天，商贾为之罢市，两河之民多思之。孝宗得知，有用才不尽之叹。理学家张栻（张浚之子）更是著文以悼之："嗟呼！如君而止斯耶？其英迈豪特之气，其复可得耶？其如长江巨河，奔逸汹涌，渺然无际，而独不见其东汇溟渤之时耶？又如骅骝绿耳，追风绝尘，一日千里，而独不见其日暮税驾之所耶？此某所以痛之深，惜之至，而哭之悲也。"[15]

日暮时分，余晖给天空镶上一道金边，太阳吊挂在地平线上，像一个快要燃尽的火球。冬天已经过去了，可春天仍没有来,四时交替之中,有人孤独地走向了远方,也有人永远留在了昨天。

当年离去的挚爱李氏,如今已出家,栖身于道观。送走李氏母子后,张孝祥不得已做出一个痛苦万分的违心选择——接受长辈安排的婚姻,迎娶表妹时氏为妻。

时氏嫁给他后两三年就去世了,张孝祥写了三则短短的悼文,除此之外,他的诗词里再没有只言片语提到过她。但对李氏,他始终保持着联系。他不停地给李氏寄去相思之词,安慰她,想念她。李氏回到老家,最初还幻想着有一天能破镜重圆,也许将来张孝祥功成名就,还会把自己和儿子接回去,再续前缘……只不过,破了的镜子根本不可能重圆。

绝望的李氏终于放下了执念,内心极度忧郁的她根本无力应付娘家人的指责和流言蜚语,遂把孤身托于道观,从此青灯古卷,把受伤的心永远幽闭在诵经修道之中。李氏心想,也许他一直都挂念着自己吧,除了这些,自己还能要求什么呢?

后来惊闻张孝祥病逝,李氏缓缓放下手中的经卷,默默对着天空发起了呆。之后她不停地背诵张孝祥寄给她的《念奴娇·过洞庭》,这是她最爱的一首词。

洞庭青草,近中秋,更无一点风色。玉界琼田三万顷,着我扁舟一叶。素月分辉,明河共影,表里俱澄澈。悠然心会,妙处难与君说。

应念岭海经年,孤光自照,肝肺皆冰雪。短发萧骚襟袖冷,稳泛沧浪空阔。尽挹西江,细斟北斗,万象为宾客。扣舷独啸,不知今夕何夕!

没人知道她心里在想些什么,是悲伤,还是感慨?不知过了多久,李氏悄无声息地病逝在道观中。悲哀的是,没人知道这位修道多年的女子究竟是谁家妻室,因何缘由忘却红尘、看开生死。双方共同守护着秘密一直到死,从未泄露半分半毫,张孝祥的私生子,也就是那个"父母是真爱,孩子是意外"的张同之,想必也是受到母亲的严厉约束,不得将秘密公之于众。

又过了很多年,张同之不负期望,高中进士。他安安稳稳活了一辈子,病逝之际特意在墓志铭上刻下"生父张孝祥""生母李氏"的字样。

人们这才知道,每块肃穆而沉默的墓碑上都书写着一部或温情或悲伤的长篇小说。温情不是生命本身的,而是基于彼此向更高生活境界上升前的期盼;悲伤也不是生命本身的,而是那些求而不得只好作罢引起的自我折磨。但无论如何,小说中的主人公却选择三缄其口,把烦恼痛楚吞了认了算了不对别人讲,也把或失格或惆怅的人生经历永远留在地下,与岁月和解,与枯骨同眠。

### 注释

[1]唱名：又称传胪，始于宋太宗雍熙年间，官家在大殿唱名赐及第，状元榜眼探花为一班，其余各甲为一班，以示隆重。

[2]閤门司：负责官员朝参、宴饮、礼仪等事宜，凡文武官自宰相，宗室自亲王，外国使节与少数民族首领朝见、谢辞时，按其品秩引导序班，赞其拜舞并纠其违失。有东、西上閤门使与副使及宣赞舍人（通事舍人、閤门祗候）等职。

[3]礼部试：南宋科举考试分发解试（州试）、省试（礼部试）、殿试三级，各地考生通过州试取得发解（举人）资格，于本年年末赴临安参加礼部试，得中后称贡士，再参加由皇帝亲自主持的殿试，根据成绩高低授予甲第出身。

[4]参见李心传《建炎以来系年要录》卷一六六。

[5]殿试定等：南宋甲第出身分为五等：一等为一甲，赐进士及第；二等为二甲，赐进士及第；三甲四甲赐进士出身；五甲赐同进士出身。一甲前三名分别为状元、榜眼、探花。

[6]参见田汝成《西湖游览志馀》卷四。

[7]左承事郎：绍兴年间厘正文武职官阶，文官三十七阶、武官六十阶，统称散官。承事郎为文散官名，有官名而无职事，代表官员品阶。签书镇东军节度判官厅公事：简称签判，属于知军（州）的幕僚官，协助军、州长官处理政务及文书案牍。

[8]张孝祥《木兰花慢·送归云去雁》。

[9]参见张孝祥《鹧鸪天·春情》。

[10]瓦市：又称瓦子，属于城市中商业集中点和娱乐场所，表演音乐、舞蹈、戏剧等民间技艺。瓦市中多用栏杆或巨幕隔成固定场子，称为"勾栏"。

[11]参见张孝祥《于湖先生文集·宣城张氏信谱传》。

[12]卢杞：唐德宗朝宰相，嫉贤妒能，结党营私，对待政敌如同仇雠，先后陷害杨炎、颜真卿等名臣。

[13]蔡中郎：蔡邕，东汉文学家、书法家，受权臣董卓器重，官拜左中郎将。

[14]提举宫观：宋代置宫观使以安置致仕、老病、贬谪闲散官员，有提举、提点、管勾、勾当、主管等名目，只领俸禄，无实际职事。

[15]参见张栻《再祭张舍人》。

# 陆游

## 等风来，不如追风去

一

中秋节前后,山阴人家照例是要吃蟹羹、饮黄酒的,年轻时痛快豪饮,纵享美食,身心都无任何负担,如今陆游年过七旬,饮食必须十分注意,鲜美的螃蟹是吃不得的,醇和的黄酒倒是能喝它个三杯两盏,再饮便要被子女唠叨了。

吃罢酒食,自然要去读书。陆游少年时代养成了夜读的习惯,兴之所至往往顾不得严寒酷暑、通宵达旦,在他看来这既是"冻坐闻晨钟,落纸笔纵横"[1]的自娱自乐,也是日后科场扬名的必要训练。

对于功名利禄,陆游一向看得很透彻,读书人居庙堂之高则致君为尧舜,处江湖之远则效仿颜回子思淡泊荣辱,是进亦有所得,退亦无所失,虽有移山之力,也不可夺匹夫之志。但今晚从临安寄来的宰相韩侂胄的一封亲笔信,却让独坐老学庵

（书房）的陆游犯了难。

韩侂胄曾祖乃北宋名臣韩琦，其母是高宗皇后吴氏胞妹，侄孙女韩氏又是当今官家宁宗的皇后，如此显赫的家族背景，让韩侂胄比当年的秦桧更炙手可热。

庆元三年（1197），太皇太后吴氏将高宗当年在临安城北的南山别院赐予韩侂胄，此地位于武林山麓，西湖之水汇于其下，天造地设，极湖山之美。韩侂胄将别院重新翻修，改名南园，并从曾祖韩琦的诗文中精心挑选，为每处建筑取上恰如其分的名字：堂为许闲、厅为和容、台为寒碧、门为藏春、阁为凌风、亭为远尘、庄为归耕，建炎南渡以来王公将相园林相望，皆莫能及南园。

顶级园林自然要配顶级题记，韩侂胄最中意的人选是诗坛领袖杨万里，许其以高官厚禄，然不屑与韩侂胄结交的杨万里却直言"官可弃，记不可作也"。韩侂胄恨得咬牙切齿，又亲自写信邀请七十五岁的陆游代笔。

几年前，陆游还因韩侂胄专权佞上发文批判，如今这位赋闲山阴的文坛巨擘，居然出人意料地答应了下来。

尽管从没去过南园，陆游却能用诗一般华美的语言将其描绘成一片仙境：

奇葩美木，争效于前。清泉秀石，若顾若揖。

于是飞观杰阁,虚堂广厦,上足以陈俎豆,下足以奏金石者,莫不毕备。升而高明显敞,如蜕尘垢;入而窈窕邃深,疑于无穷。

深耕文坛六十余载,这等级别的文字自是手拿把攥,可陆游笔下的《南园记》又并非单纯记景叙事,在记中,陆游盛赞韩氏子孙铭彝鼎、被弦歌,韩侂胄勤劳王家,勋在社稷,复如先祖之盛,泽被后世无极。

在旁人看来,近乎阿谀的谄媚,怎能让天下信服?谁人不知韩侂胄专权恣睢,擅开"庆元党禁"[2],赵汝愚、留正、朱熹、周必大等贤臣良弼均遭迫害,对社稷何来功勋?

或许正是怕文字不够有说服力,陆游还在文中特意强调:"天下知上之倚公,而不知公之自处;知公之勋业,而不知公之志,此南园之所以不可无述。"

《南园记》一经问世,舆论哗然。党禁中被韩侂胄诬为伪学(理学)魁首的朱熹官宣与陆游绝交,还著文批评陆游能太高、迹太近,恐为有力者所牵挽,不得全其晚节。杨万里则写诗送给陆游,规劝他"道是樊川轻薄杀,犹将万户比千诗"[3],即便是杜牧那等轻薄放荡之人,也知珍惜名节、傲视权贵,何况放翁这等高蹈之人呢?

如果苦心孤诣欲成某事,即便承受误解非议都在所不惜的是一个人，那么在漆黑的深夜往来彷徨的也必定是同一个人。陆游，恰恰正是这种人。

山阴陆家，大抵是称得上家世显赫的。

陆游的祖父陆佃曾在徽宗朝官至尚书右丞（副宰相），父亲陆宰当过京西路转运副使这类地方高官，陆游天生便拥有恩荫授官的资格，十二岁荫补为登仕郎（从八品）。

陆游曾在诗中自称"四朝曾遇千龄会，七世相传一束书"（《园庐》），家族往上数七代都是以诗书传家的，说出来绝对值得骄傲。绍兴十三年（1143）朝廷重建秘书省，由于靖康之难，皇家典籍遗失大半，不得不向民间征集，陆家一次便向朝廷捐献书籍一万三千多卷，足见其文化底蕴之厚。

在家庭环境的熏陶下，陆游自幼热爱读书，经史子集无不涉猎。深得读书乐趣的他常与古人神交，读到雅正处必恭敬整理衣冠如对公卿长辈，读到怪奇处则长啸放歌如观杂耍游戏。春诵夏弦，韦编三绝，陆游显然很希望尽早步入仕途，而且优越的出身还带给他一条相当便利的捷径。

宋制，普通考生首先需要参加州府秋季举行的发解试（秋闱），取得发解资格后须于当年年底赶赴临安，将得解文书递交官方指定的书铺，向书铺购买统一规格的考试用纸，并在试纸卷首亲笔书写姓名、三代、籍贯、年甲及应试科目（诗赋、经义）等，由书铺统一向贡院投纳，贡院核对无误后，在礼部试当日统一将盖有贡院大印的试纸发还考生，考生凭此进场考试（春闱[4]）。若礼部试落榜，下一届还得重新参加发解试取解。

而陆游这种蒙恩荫的考生参加的初级考试称为锁厅试，只限于皇室宗亲或有官身者报考，通过锁厅试便有资格参加礼部试。朝廷美其名曰不挤占庶民学子的录取名额，实际上当然是对自己人的特殊照顾。

绍兴二十三年（1153），陆游在锁厅试中拔得头筹，被主考官陈之茂擢为第一。次年参加礼部试，陆游认为题目简单，发挥超常，踌躇满志期盼着在后续的殿试中大展拳脚，结果礼部试录取名单里却没有他的名字。他相当不幸地与本届状元张孝祥遇到了同样的困境：光芒盖过了秦埙。

陆游并不知道，锁厅试既定的头名人选本不是他，而是秦桧最疼爱的孙子秦埙。秦埙内年仅十七，已贵为从六品的右文殿修撰，这自然不是陆游可比的。老奸相十二年前在秦熺身上没达成心愿，于是对秦埙完成"连中三元"[5]的科考奇迹格外执着，没承想第一关便被陆游搅黄了。

永远学不会宽恕的秦桧当即发话，礼部试绝不准录取陆游！尽管主考官汤思退对陆游的文采相当欣赏，怎奈不敢忤逆秦桧，于是本届科考张孝祥、杨万里、范成大及一代儒将虞允文均榜上有名，陆游本应获得的殿试资格、进士出身却被生生剥夺了。

## 二

权势就像一根绳索，与其说是供人攀爬的，毋宁说是用来绊人的。三十而立的陆游本想学一学李白"大鹏一日同风起，抟摇直上九万里"的畅快，结果却被秦桧用他那无情铁手一巴掌从天空拍进了泥潭，大鹏鸟没学成，反倒成了一条挣扎在泥沼里的小鲫鱼。在绝对权力面前，个人际遇总是如此微不足道，这并不是陆游的错，但他的优秀挡住了权贵前进的路，就注定要被一脚踢开。

无边的落寞似乎从四面八方挤压着他，尊严被铁石心肠所践踏，荣耀被卑劣龌龊所取代，只要秦桧一日不倒，他就永远没有翻身的机会。灰心槁形、日日借酒浇愁的陆游，却又在一个名叫沈园的地方与失去的挚爱不期而遇，滴血的心头又被狠狠割了一刀。

绍兴十四年（1144），二十岁的陆游迎娶青梅竹马的表妹唐琬为妻。唐琬性情温和，才华横溢，与陆游伉俪情深，可惜婚后一直未孕，在陆母眼中儿媳妇的一切优点便统统归零。忤逆生母的罪过陆游承担不起，被迫休妻另娶，唐琬亦不得不改嫁他人。

不得哭，潜别离；不得语，暗相思。自唐琬离开后，那轻柔的风，那绚丽的花，那橘红色的阳光，那些欢声笑语，那远处传来的泉水叮咚声，一切美好的事物都失去了原有的韵味，全都化成了爱人孤独的倩影。

阔别十年，一朝偶遇，陆游一眼就看到了隐藏在唐琬温柔知性中的一抹哀怨，她的举止和往昔并无差别，只是脸色更苍白、身形更消瘦了，长长的睫毛柔软地耷拉着，仿佛要把隐含在眼中无限的惆怅之情掩盖起来似的，只是与陆游眼神相遇时依旧止不住真情流露，可惜这昙花一现般的时刻几乎还没来得及开始便宣告结束了。

陆游明显感觉到，他与唐琬之间流荡着一道阴冷的光芒，仿佛两边都是黑暗的堤岸，他们困在自己的那一边流离失所，但两颗受伤的心又在疼痛的作用下更深地交融在一起。这喧闹的园林突然变得宁静，仿佛十年之前唐琬睡在自己身边的那些深夜，可陆游又能做什么呢？过去给不了她幸福，如今给不了她关怀，只好将未尽的柔情和深沉的爱恋汇入这首催人泪下的《钗头凤》中，作为两人永久的诀别。

> 红酥手，黄縢酒，满城春色宫墙柳。东风恶，欢情薄。一怀愁绪，几年离索。错、错、错。
> 春如旧，人空瘦，泪痕红浥鲛绡透。桃花落，闲池阁。山盟虽在，锦书难托。莫、莫、莫！

经此一见，唐琬郁郁而终。四十年后，年迈的陆游重游沈园，伊人早已逝去，令人神伤的桥下春波依然碧绿，就像当年伊人的倩影惊鸿一现，却至今还在倾诉着衷肠。没有一段未了的尘缘不会遗憾到老，也没有任何无奈的失去不会被宿梦翳障，陆游来不及告别，也无处告别，只剩寂寞继续着寂寞，悲哀守候着悲哀。

好在奸相的暴毙给很多人带来了出头的机会。绍兴二十七年（1157），陆游出任福州宁德县主簿，两年后升任福州司法参军，又两年调入临安，在敕令所担任删定官[6]，负责修改审定律令。

授官、升迁、入京，四年两获拔擢，尤其是从偏远地区小小的司法参军调为京官，属于高规格调用，普通官员自然不可能获得如此恩遇。陆游实在很幸运，得到了朝廷大人物的赏识。

这个大人物，便是秦桧暴毙后升任宰相的汤思退。尽管主和派领袖的政治身份素来为人所不齿，但汤思退却相当惜才，对陆游这种才华横溢又年富力强的晚辈，他显然乐意纳入门下。

座师大加提携，陆游也将感激之情诉诸笔下："应变制宜，必有仁人无敌之勇。圣主以此属元辅，学者以此望真儒。"口吻之谀与正受重用的张孝祥别无二致。

陆游相当确信，在临安做官，万事皆有可能，这是在地方闷头拼命搞业绩无法比拟的平台优势。可惜陆游却没有张孝祥那种好运气，还未充分享受上层资源带来的福利，汤思退就因主和立场痛遭台谏连章累牍的弹劾，不得已辞去相位。

失去了宰相的奥援，陆游那尴尬的出身瞬间就被无限放大，他连正儿八经的进士都不是，说破天也不过是个蒙恩荫的从事郎，不仅升迁无望，连行动都要饱受旁人冷嘲热讽。毕竟身为秦桧余党汤思退的门人，他势必要与座师一荣俱荣、一损俱损。

同时，陆游被汤思退调入临安的理由，就是参与编纂《参附吏部敕令格式》《刑名疑难断例》两部律令，如今任务已完成，像陆游这种被临时征召调入敕令所的挂职官员随时面临失业的可能，一旦被敕令所遣出，就只能重新等待吏部铨选，如果得不到朝中重臣的推荐提携，在吏部论资排辈排下去，多半是轮不到新职务被迫赋闲。

好在陆游还是得到了枢密院长官叶义问一定的扶持。叶义问曾因不肯依附秦桧被罢官，后来同样得到汤思退的举荐而起复。大概是因为同样受过汤思退的恩惠，叶义问对汤思退的这位门生具有一定的好感，愿意为陆游提供必要的帮助。

外界的助力之外，陆游还有用不尽的才华和一大把力气，命运从不会比一个人反抗命运的沉着勇气更沉。他坚信咬牙拼命、夜以继日不停地干，总能靠辛勤的汗水获得一切有可能抓住的机会。绍兴三十一年（1161）秋，陆游临时调任大理寺司直兼宗正簿。大理寺主管折狱量刑鞫谳，负责审理各地重大疑难案件，宗正寺则是负责管理皇室宗派属籍、修纂谱牒等事务的机构。得益于叶义问的照顾，陆游又兼任了枢密院编修官。三个临时差遣，三个不同部门，日日连轴转，再苦也不敢说累。

## 三

好运气总会在某些时刻格外眷顾奋斗者。绍兴内禅后，摆在新官家面前的头等大事就是为高宗修史。按照礼法，这种"史"，对死去的先君来说称"实录"，对禅让的太上皇来说则称"圣政"。孝宗不敢马虎，召集尚书左仆射陈康伯、参知政事史浩提举编类圣政所。陈、史二人早闻陆游笔力雄健，圣政所详定官周必大又极力举荐，状态拉满的陆游不辞辛劳，又兼任了圣政所检讨官。

发凡起例、搜集资料，陆游付出了巨大的努力，得到宰相们一致认可。史浩在孝宗面前极力夸奖陆游善辞章、谙典故，工作细致认真，了却心事的孝宗大笔一挥，赐陆游进士出身，算是褒奖他在编修"圣政"中的突出表现。

非进士及第入仕，是陆游一直解不开的心结。身处极重科举取士的宋代，非科举入仕者几乎不可能任职宰辅，蒙恩荫授官总归不那么快乐，又容易被人说三道四，而且官家极少降旨赐第，如北宋梅尧臣、王安国等寥寥几人，也是官家特开召试[7]录取后才赐出身，陆游却连考试都不用参加，可见君恩之深厚、前辈提携力度之大。陆游在《辞免赐出身状》中大表感激之情："孤远小臣，比蒙召对，从容移刻，褒称训谕，至于再三。仰惟天地父母之恩，固当誓死图报。惟是科名之赐，近岁以来，少有此比，不试而与，尤为异恩。"

八年前应得的荣誉虽迟但到，总算弥补了内心的缺憾，那种压抑许久的畅快感受竟是如此奢侈，心旷神怡的心境又是如此开阔。这一时期，陆游彻底敞开了心扉，与周必大等人结为至交，平日里诗酒唱和，放浪形骸，切身体验了当年孟郊"春风得意马蹄疾，一日看尽长安花"的痛快，再用蘸满墨汁的妙笔将肺腑胸臆都点缀到临安的繁华富庶、青山绿水之间。

心情极佳的陆游尚不知晓，官家赐予的所谓傲世之荣，并不能让他在官家面前更有分辨率。尽管孝宗在位期间锐意进取，后世称其卓然为南渡诸帝之首，可他又是出了名的宠信旧臣，潜邸的从龙之臣既有史浩这种老成持重的贤臣，却也不乏曾觌、龙大渊这类蛊惑圣听的小人。

某日宫中内宴，女官偷偷将手帕递给曾觌求词，官家居然置若罔闻。陆游闻讯心中不悦，无奈人微言轻，便向顶头上司知枢密院事张焘汇报此事，希望张焘向官家进言，不要让曾、龙二人近侍左右，以免有损官家形象。

张焘在殿前奏对时建议将二人贬出临安。孝宗十分困惑，那日内宴张焘并不在场，如何知道曾觌的所作所为？张焘只好如实奏对："臣是听陆游讲的。"

孝宗大怒："陆游反复小人，搬弄是非，真是可恶！"

许多年后，当洗尽铅华的陆游追忆往事时，他不得不承认才华横溢并不能改变命运本身的坎坷，反而正是坎坷的命运塑造了他的人格、事业，还有人世间文学的神迹。

大约此事后不久，陆游便被罢免了枢密院编修官和大理寺司直的差遣，外放为镇江府通判。

隆兴二年（1164），陆游在镇江任上结识张浚，献策出师北伐，张浚赞其"志在恢复"。仕途奋进之外，陆游的主战意志从未消退。靖康之难发生时，尚在襁褓之中的陆游跟随父亲陆宰仓促南逃，定居山阴后，家中有客来访，每每谈及国事总会群情激愤，恨不得杀身报国，这段经历在陆游心中留下了不可磨灭的印记。他在《跋傅给事帖》中特意交代："绍兴初，某甫成童，亲见当时士大夫相与言及国事，或裂眦嚼齿，或流涕痛哭，人人自期以杀身翊戴王室。虽丑裔方张，视之蔑如也。"

家国兴衰，从不遥远，前辈们的凛然正气始终激荡在陆游胸中，二十岁的他早早立下"上马击狂胡，下马草军书"的志向。可期望与失望之间，往往都是期望捷足先登，失望后来居上。隆兴和议达成后，陆游上疏朝廷，强烈建议迁都建康。很快，言官以"结交谏官，鼓唱是非，力说张浚用兵"为由，将陆游贬为庶人。

一个人心性成熟的标志，往往就是不再对他人心存太多期望，更不会尝试找到能为自己分担痛苦的人，毕竟大多数时候，那些自视为沁入肝脾的伤痛，在别人眼中不过是满目可见的尘埃。

乾道五年（1169），陆游已在山阴老家赋闲四年，他给镜湖之滨的住宅取名"三山（石堰山、韩家山、行宫山）别业"，那句流传千古的"山重水复疑无路，柳暗花明又一村"写的正是三山一带的自然风貌。

可惜，山水田园之乐并不能缓解陆游的郁结，更不能保障一家老小不饿肚子。俸禄断了四年，生活早已难以为继，一连数月只能靠喝粥度日。为求生计，陆游反复请求朝廷，希望谋求一个能填饱肚子的官职，当年年底，陆游被起用为夔州通判。

尽管山阴与夔州相隔万里，行程全是水路，陆游却没有挑选的余地。乾道六年（1170）五月，陆游携家眷入蜀，先从江南运河北上至镇江入长江口，然后溯江西行，五月离家，一路走走停停，十月才抵达夔州，其间换了五次船，离家时尚在盛夏，到任时已至凛冬。

途中，陆游将每日见闻以日记的形式记录了下来，统编为《入蜀记》六卷，此书后不意成为中国第一部长篇游记。但途中的苦涩只有陆游知道，耗时长久并非难事，途中颠簸倒也可以忍受，只是船到秀州时，续妻王氏和儿子相继中暑，不得不停下船来招医诊治；好不容易治好了妻儿，陆游也病倒了，到了当涂再次请医诊视；陆游的病刚治好，女儿又病了。一家人接二连三地生病，让陆游疲于应对、苦不堪言。

好不容易挨到夔州，长出一口气的陆游刚上任就去游览白帝城。诸葛亮曾在此接受托孤，留下"鞠躬尽瘁，死而后已"的铮铮誓言，而陆游写下一首《入瞿塘登白帝庙》，像是自我打气，说大丈夫贵在不屈不挠，一时成败何足道哉，又说要伐巨石，刻千字碑，上陈君王，下斥奸佞。可惜在这关山难越、荆榛满目的穷陬僻壤，豪情壮志是最不值钱的东西。在夔州苦熬三年即将任满时，陆游终于还是放下了面子，写词干谒宰相虞允文。

　　三年流落巴山道，破尽青衫尘满帽。身如西瀼
　渡头云，愁抵瞿塘关上草。
　　春盘春酒年年好，试戴银幡判醉倒。今朝一岁
　大家添，不是人间偏我老。

这首《木兰花·立春日作》，字里行间满是辛酸与自嘲，

这一年，陆游已年近五旬，大儿子已经三十了，女儿也到了谈婚论嫁的年龄，摆在面前最现实的问题并非建功立业，而是绝不能断了经济来源，必须有官可做。

## 四

乾道七年（1171），主战派名士王炎担任四川宣抚使[8]。南宋时，宋金西以秦岭、大散关为界，王炎甫一到任，就将宣抚使驻地从四川广元迁往陕西南郑，以便在前线谋划对金作战。

一年后，陆游来到南郑，以军事参赞的身份加入王炎的幕府，傲然站在了宋金边境最前沿。秦岭古道，白草黄云，渭水秋风，祁山暮雪，刘邦的拜将台、试剑石，定军山下的诸葛武侯墓，五丈原、上方谷、斜谷道、仙人原、和尚原……尤其当他跨上雄健的洮河马，生命中所有的激情都被点燃。

在这里，陆游不只是爱国诗人，更是披坚执锐的一线战士，尽管绍兴和议重申两国不得擅开战端，但边境的小摩擦从未减少。陆游因戍守或巡查防务需要多次参与军事行动，甚至还在大散关下与金兵有过小规模遭遇战。闲暇时分，他还热衷于打猎，亲手用长矛刺死过一只正值哺乳期的母虎，这让他骄傲了一辈子，直到晚年还写诗纪念："挺剑刺乳虎，血溅貂裘殷。至今传军中，尚愧壮士颜。"（《怀昔》节选）

从军的酣畅之外，陆游自忖写诗的技艺也愈发娴熟，诗风被火热的军旅生涯浇灌得格外雄浑、壮阔。夜间行军宿营在外，他写下"屡经汉帝烧余栈，曾宿唐家雪外城"（《忆昔》）；雪夜突破金兵防线，他写下"结客渔阳时遣简，踏营渭北夜衔枚"（《忆山南》）；战事骤起将有行动，他写下"最思出甲戍秦陇，戈戟彻夜相摩声"（《蒸暑思梁州述怀》）。

踏入蜀地之前，陆游北伐的核心主张是迁都建康，从江淮进兵收复中原。戍守南郑后，陆游综合对比江淮和关中在收复中原问题上的军事战略价值和过去历次对金作战的教训，认为川陕才是挥师北伐的大本营，北伐应先取关中进而平定中原，此乃诸葛亮兵出祁山之遗意。

南郑像是为陆游打开了新世界的大门，然而他只是站在门口翘首向外看了几眼，这扇大门便永久地对他关闭了。稍纵即逝的战事、沸腾转凉的热血，无一不昭示着命运的曲折离奇、答非所问，总在他踌躇满志尝试更上一层楼时将他踹到楼底。

八个月后，朝廷发生重大人事变动，支持王炎经营四川备战北伐的虞允文被罢相，王炎被召还京，幕僚星散。乾道八年（1172）十一月，陆游离开南郑，调任成都府路安抚司[9]参议官。

"此身合是诗人未？细雨骑驴入剑门。"剑门关前，陆游茫然自问，如果有可能，谁愿意骑驴？谁愿意做诗人？他并不想做骑驴的中唐大诗人李贺，他想骑的是乌骓马、赤兔马，做卫青、霍去病一样的英雄，可他似乎再也没有机会保家卫国了。他在成都的主要工作，就是辖区内各级官员暂缺后临时去顶班，蜀州通判、嘉州知州、荣州知州，冷官无一事，日日得闲游。

淳熙二年（1175），曾经的老朋友范成大已升任四川制置使。同为中兴四大诗人，范成大比陆游的起步更晚，陆游十二岁被荫补为登仕郎，范成大三十七岁才升为同等级别的从事郎，可如今范成大已出任地方军政长官，陆游蹉跎多年，却依然在原地踏步。这种境遇的天差地别也很好地解释了在词盛行的宋代，陆游词作的数量为何远不及诗作，词还是太含蓄了、太婉转了！尽管前辈有苏轼"大江东去浪淘尽，千古风流人物"的慨叹，同时代也有辛弃疾"蓦然回首，那人却在灯火阑珊处"的惆怅，但却不适合陆游，他喜欢更直白地吐露心迹。

  黄金错刀白玉装，夜穿窗扉出光芒。
  丈夫五十功未立，提刀独立顾八荒。
  京华结交尽奇士，意气相期共生死。
  千年史策耻无名，一片丹心报天子。
  尔来从军天汉滨，南山晓雪玉嶙峋。
  呜呼！楚虽三户能亡秦，岂有堂堂中国空无人！[10]

对命运无声的抗议在他胸中炸裂开来，继而又化作异常汹涌的反抗精神，既然激愤之情已填满心房，干脆豁出去写诗嬉笑怒骂算了，反正仕途横竖也就这么回事了。

一年后，朝中言官弹劾陆游不拘礼法、燕饮颓放，范成大迫于压力将好友免职。陆游索性在杜甫草堂附近的浣花溪畔开辟菜园躬耕自给，并自号"放翁"。他对范成大说自己早就不在意职务升迁了，酒中作乐，深得浊醪妙理，不比那些蝇营狗苟争名夺利的闹剧快活得多吗？

少不入川，老不出蜀，前后在蜀地客居九年，陆游早已习惯了当地的生活节奏，打算正式在成都安家落户，结果淳熙五年（1178）朝廷降诏调陆游提举福建常平茶盐公事，两年间又相继提举江南西路常平茶盐公事、提举淮南东路常平茶盐公事。三年三易，路途颠簸倒不必说，按照惯例调职官员需先回临安面圣，汇报任职情况，可陆游每次调任都在中途被告知不必返京，直接去赴任即可。

返不返京，代表的是朝廷对在任官的认可程度，当年那次仗义执言的负面影响，看来是永远也不会消除了。陆游气得写诗痛骂："楚客长号沽白璧，汉宫太息遣明妃。铄金消骨从来事，老矣何心践骇机。"（《书感》）

三十多岁埋下的伏笔，五十多岁仍然如影随形，淳熙七年

（1180）末，给事中赵汝愚弹劾陆游"不自检饬、所为多越于规矩"，陆游愤然辞官，重回山阴老家隐居。六年后，陆游再被起复为严州知州，没想到陛辞之时，官家居然意味深长地对他说了句："严陵，山水胜处，职事之暇，可以赋咏自适。"

孝宗显然不清楚陆游的志向从来不是游山玩水，还自以为给他选了一处舞文弄墨、逍遥自适的乐土。人生已至暮年，做官毫无获得感，陆游认为这是虚捐精力，消磨豪气，遂决心重归田园。后来陆游又在临安短暂担任过军器少监、礼部郎中兼实录院检讨官，最终还是被言官以嘲咏风月、鼓吹北伐为由彻底罢官。

陆游余生的岁月几乎完全消磨在家乡的三山别业中。与早年被迫归隐不同，如今的陆游既有精力又有余财，他取师旷"老而学如秉烛夜行"之语，将书斋命名为"老学庵"；想来是因言官一向以风月为由弹劾他，又恶搞一般将家中一处屋舍取名"风月轩"。除了房屋还有十亩园林，分为东园、南圃、西圃、北圃，其中西圃种药、北圃种菜，另有陆家池、泉眼、假山、盆景、亭台以及大量花草植物。

居轩冕之中，也有山林之气；处林泉之下，不忘廊庙经纶。三山别业很快被陆游经营得有声有色，规模堪称业界翘楚，陆游不无骄傲地声称："定知千载后，犹以陆名村"（《题斋壁》），"数椽幸可传子孙，此地它年名陆村"（《三山卜居》）。

## 五

漫长的岁月能提供很多题目供人解答，也会提供很多不同于仕途的选项，它不停地提醒着人们，别把新鲜的眼泪浪费在陈旧的悲痛上，世间还有不少美好的事物可以追寻。

陆游一生活了八十五岁，在缺医少药的古代，绝对称得上高寿，除了强健的体魄，生活的情趣亦远非一般人可比。

他喜欢掌勺，也是个爱炫技的厨师，做出来的菜肴色香味俱全，还很有创意。比如他就地取材，用竹笋、蕨菜和野鸡等食材烹制出一桌丰盛的佳肴，吃得宾客们扪腹便便，赞美不已。宴席将罢，陆游做菜的兴致依然不减，他突发奇想，用白菜、萝卜、山芋、芋艿等家常菜蔬调制出一道甜羹，一经推出，广受好评。

与其他诗人不同，陆游不但以诗录事，还在诗中免费奉送菜谱。在《山居食每不肉戏作》的序言中，陆游就介绍了这道甜羹的做法："以菘菜、山药、芋、莱菔杂为之，不施醯酱，山庖珍烹也。"

即兴发挥很出色，还原经典名菜一样厉害。比如他严格按照流传下来的菜谱，还原了当年被隋炀帝誉为"东南佳味"的"金齑玉脍"。"脍"是指切成薄片的鱼；"齑"是指切碎的腌菜或酱菜。"金齑玉脍"就是以鲈鱼为主料，以切细的色泽金黄的花叶菜为辅料,两种食材经过巧妙的搭配和滋味的融合,成就一道色香味俱全的佳肴。

陆游长期在四川为官,对川菜兴味浓厚。川菜征服了陆游的胃,四川更是他培养厨艺的温室。他品尝过新津的韭黄、彭山的烧鳖、成都的蒸鸡、新都的蔬菜……还尝试烹饪过很多川菜,比如"棕笋木鱼""绛罗饼""金齑丙穴鱼""红糟并鱼粥""橙醋洗手蟹",特别是"棕笋木鱼",大有考究。木鱼,即棕苞,又称棕笋。棕笋的花未开放时,外面裹着笋衣,里面是层层叠叠的小花苞,形状如鱼,因而古代称之为木鱼。据说棕笋的味道和竹笋类似,可以炖汤、炒腊肉,吃起来非常爽口,而且加工后可以长期保存。

到了晚年,肠胃不比从前,陆游搞起了养生,埋头钻研起了养生菜品。他的养生之道说起来很简单:多食五谷杂粮,首选当季食材,多吃素少吃肉,经常食粥。他喜爱的素菜有白菜、芥菜、芹菜、香蕈、竹笋、枸杞叶、菰、豆腐、茄子、荠菜等,其中最爱荠菜。他对自己烹饪荠菜的技能无比自信,采来便煮,确保食材的新鲜,不加盐酪,突出食材的真味。这一锅清煮荠菜,简直是人间极品。

不只热爱美食,陆游还是个百分百的猫奴,在他那浩如烟海的诗词集里,以猫为题材的作品有近二十首。

他给自己养过的猫起了各种小名,比如"粉鼻""雪儿""小於菟（小老虎）"。最初养猫，纯粹是"刚需"——为了消灭老鼠。由于陆游爱书，家里藏书很多，可老鼠却一直来捣乱，偷吃粮食不说，还把他收藏的珍贵古籍咬得七零八碎。

因此，陆游托人要了只很擅长捕鼠的小猫，还给它取了个霸气的名字：小於菟。小於菟抓老鼠很给力，性格也很傲娇：小鱼干备好，暖和的毡垫铺好，本喵就给你安排一场"温酒斩华雄"。

陆游很尴尬，他家里资金有限，鱼干和毡垫都安排不上，只能靠写诗赔罪："裹盐迎得小狸奴，尽护山房万卷书。惭愧家贫策勋薄，寒无毡坐食无鱼。"（《赠猫》）

可惜，小於菟不是十分敬业，陆游不得已，又养了一只小猫，起名"雪儿"。

雪儿很勇猛，整夜整夜与群鼠厮杀，既保护书籍，也保护粮食。雪儿的忠诚让陆游很感慨，他也为雪儿写了首《得猫于近村以雪儿名之戏为作诗》，中心思想只有一句感谢：雪儿，你就是我前世的小书童吧？来这山村里伴我终老啊！

陆游有首名诗《十一月四日风雨大作》："僵卧孤村不自哀，尚思为国戍轮台。夜阑卧听风吹雨，铁马冰河入梦来。"其实，这首是其二，还有其一："风卷江湖雨暗村，四山声作海涛翻。溪柴火软蛮毡暖，我与狸奴不出门。"

在一个寒冷凄楚的冬夜，在乡村的一间寒室中，看着外面风雨呼啸，在屋里拥着毛毡烤着小火取暖。在入梦之前，陆游一边渴望为国建功立业，一边还在撸猫，寒风吹雨、铁马冰河的感觉瞬间就温暖了许多。

归隐的闲适持续了很多年，直到那封邀请自己代写《南园记》的亲笔信寄来。陆游似乎真有机会乐以忘忧，曾不知老之将至，但当他得知韩侂胄心存北伐之念，那颗忧国忧民、壮志难酬的赤子之心不禁猛烈跳动起来。对屈膝求和的悲愤，对苟且偷生的声讨，对驱逐金贼的期望，对收复河山的执念，一幕幕往事又重新浮现在陆游眼前，于是凝冻的土壤裂开了，希冀出现了，血液沸腾了，机会降临了！

当时金国正遭新兴政权蒙古部的进攻，国内叛乱时有发生。韩侂胄为巩固权力，着手推进北伐，并起用辛弃疾、叶适等抗金人士，追封岳飞为鄂王，削秦桧的爵位并改其谥号为"谬丑"，大大激发了南宋军民的抗金情绪。

尽管人人皆知韩侂胄北伐有太多私心杂念，但这一行为，终究是带给了那些沉寂已久的主战派一线曙光，于是纷纷自发聚集在韩侂胄的旗帜下。

辛弃疾来了，陆游也来了。辛弃疾在韩侂胄生日宴上写下"千载传忠献，两定策，纪元勋。孙又子，方谈笑，整乾坤"（《六州歌头·西湖万顷》），陆游也写下"身际风云手扶日，异姓真王功第一"(《韩太傅生日》),他依然记得当年那一首《诉衷情》。

> 当年万里觅封侯。匹马戍梁州。关河梦断何处,尘暗旧貂裘。
> 胡未灭,鬓先秋。泪空流。此生谁料,心在天山,身老沧洲。

曾经他以为人生如果还原成绝对的隐者形象,倒也不失为理想的归宿,唯有那个死去的梦随着年华的消逝还在继续挣扎,拼命想触摸到那个感觉还能摸得着的东西,每分每秒都是依恋惆怅,就像小孩子临睡前将要离开自己心爱的玩具那样依依不舍。

陆游并非只是主战派爱国诗人这一符号化的形象,而是一个在个人与国家、民族的命运交错中,在宦海中挣扎沉浮,不得不委曲求全,又不能完全放下原则的有血有肉的人。他心甘情愿与道学派决裂,这是一种怎样的果敢和孤注一掷!他冒着声名被毁的风险为韩侂胄写《南园记》,只是希望韩侂胄奋先辈之遗烈,真正将北伐推进下去。

按他自己的话说,这篇《南园记》无佞言,点到为止,即便是批判过陆游的罗大经也承认,《南园记》"唯勉以忠献之事业,无谀辞"[11]。

可惜,他的苦心孤诣并没有等到开花结果的那一天,随着雷声大雨点小的"开禧北伐"草草失败，韩侂胄被杀，朝廷再度与金议和。此时朝中清流个个奋起讥评，骂陆游晚节不保，骂他软骨头，骂他依附权贵，毕竟骂一个快要入土又毫无势力的八旬老翁很安全，有关注度，更能彰显浩然正气。甚至南宋末年仍然有人借国势日衰批判陆游，说："韩侂胄……欲得务观为之记，峻擢史职，趣召赴阙。务观耻于附韩，初不欲出。一日，有妾抱其子来前，曰：独不为此小官人地邪？务观为之动，竟为侂胄作记。由是失节，清议非之。"[12]

这种批判根本经不起推敲，陆游写作《南园记》时最小的儿子已经二十多岁，何来小妾抱子之说？还是清人龚炜的评价最为中肯，他认为韩侂胄伐金之役，犹是《春秋》大复仇之义，不能说全都是错，陆游作《南园记》，不过是登览文字，无关轻重。[13]

嘉定二年（1209）冬，陆游病倒了，临终之际，他留下一首《示儿》：

> 死去元知万事空，但悲不见九州同。
> 王师北定中原日，家祭无忘告乃翁。

含恨而逝前，陆游依然保存着收复河山的希冀，这是作为爱国诗人最无可奈何的执着。他从未放弃努力，也从未放弃热爱生活。纵然垂光百世、照耀简策不是他生前就能决定的，可当风乍起时,他还是按照自己的意愿追风而去,纵然辛苦,纵然悲怆,纵然不被理解,可他总算没有被失望的恐惧过分压榨,只要身体还有气力、细胞还有活力,就不会让活跃在神经上的一切感觉销蚀在血液之中,除却一颗坚毅果敢的心,便没有什么留存的了。

## 注释

[1] 参见陆游《老病追感壮岁读书之乐作短歌》。

[2] 庆元党禁:又称伪学逆党之禁。庆元元年(1195),韩侂胄斥道学为"伪学",将四书、六经列为禁书,并参照北宋元祐党禁的做法,置《伪学逆党籍》,共列赵汝愚、留正、朱熹、周必大等五十九人为逆党。

[3] 参见杨万里《寄陆务观》。

[4] 春闱:礼部试(省试)一般在春季举行,故称春闱,与试于州郡(转运司、国子监)的发解试(秋闱)对应。

[5] 连中三元:古代科举把乡试、会试、殿试的第一名分别称为解元、会元、状元,三次考试均取得头名者称为"连中三元"。

[6] 敕令所:宋代以枢密院编修三司令式、敕文、诸司库务岁计条例为三所,即编修三司令式所,简称"敕令所",长官为敕令所提举,由宰相兼任,下设详定官、删定官,负责编纂各种行政命令及文字

校对等业务。

[7] 召试：即直接由朝廷诏召应试。宋代文科进士出身已任官职而献文求试，或被举荐，特旨召试，合格者授秘书省官。

[8] 宣抚使：巡视地方、存问官民的临时官职，掌宣布威灵、抚绥边境及统护将帅、督视军旅之事，以二府大臣充。

[9] 安抚司：南宋各路一般设有安抚司、转运司、提点刑狱司、提举常平茶盐司四大机构，其中安抚司（又称帅司）主官安抚使掌管一路兵民之政，转运司（漕司）掌管财赋民政，提点刑狱司（宪司）掌管司法监察，提举常平茶盐司（仓司）掌管茶盐专卖等事务。

[10] 参见陆游《金错刀行》。

[11] 参见罗大经《鹤林玉露·陆放翁》。

[12] 参见刘埙《隐居通议·陆放翁诸作》。

[13] 参见龚炜《巢林笔谈》。

# 辛弃疾 风流总被雨打风吹去

一

临安一年之中当数元宵节最为热闹。正月十五，乃上元天官赐福之辰，州府照例设上元醮禳灾，各牢狱整顿旧案，轻者放归重者赐酒，就连百姓租赁的公租房都免收三日租金，以示朝廷与民同乐之意。

元宵节当晚，家家户户都要挂灯祈福，街市之上更是华灯如昼，琉璃灯、福州灯、苏州玉棚灯、罗家万眼灯、沙戏灯、马骑灯、象生鱼灯随处可见，更兼歌舞弹唱，笙歌鼎沸，有清音、遏云、掉刀、鲍老、胡女、刘衮、乔三教、诸国朝等不下数十，更有官巷口、苏家巷二十四家傀儡戏，竞相表演，令人目不暇接。

公子王孙，五陵少年，打着纱制灯笼，挽着佳人美女，遍地游赏，雄鸡频唱天将破晓仍兴致不减，以至于醉酒醺醺，贵重首饰掉得满街都是。在夜色的掩护下，鸡鸣狗盗之辈齐齐出动，临安城便催生出一个不怎么见得光的行当：捡漏。

时任司农寺主簿[1]的辛弃疾走过热闹的街道，满目所见皆是醉生梦死的人群和光彩夺目的花灯，内心却是落寞的，华灯之下，有多少人酒足饭饱，纵情娱乐？又有多少人仍要为箪食瓢饮奔波劳碌？还有多少人依稀记得那些屈辱往事？这些盛况又意味着什么呢？

建炎三年（1129）秋，金军攻陷临安，因寻赵构不得而四处烧杀抢掠，成片的房屋被焚毁，无数的市民衣不蔽体，哀鸿遍地。如今，家国的耻辱记忆似乎早已在人们心中消去，能够证明这些回忆存在过的事实——那些毁掉的房屋，那些死去的无辜百姓，那些被金人劫掠而去的财物，都已日渐模糊，剩下的仍是一座繁华富庶的都城，似乎一切都没有发生过一样，只留下几句"勿忘国耻、收复河山"的空泛口号，还有一些不能确定是否准确记得的只言片语。

那些伴随黑夜滋生的惆怅，那些因身世浮沉而产生的孤独心理，那些难以遏制也无法释然的游子情结，一股脑儿倾泻在这首《青玉案·元夕》之中：

> 东风夜放花千树。更吹落、星如雨。宝马雕车香满路。凤箫声动，玉壶光转，一夜鱼龙舞。

蛾儿雪柳黄金缕，笑语盈盈暗香去。众里寻他千百度。蓦然回首，那人却在，灯火阑珊处。

辛弃疾走遍大街小巷，穿过熙攘人群，东瞅西望，不经意地回头，却发现朝思暮想的那个人正站在绚烂灯火的尽头。是佳人还是知己？他说不清；是哀怨还是欣喜？他道不明。那只是一个孤独而清醒的路人，一个与世俗格格不入又不知归于何方的游子，他对火树银花的元宵佳节及笑语盈盈的丽人靓女毫无兴趣，他就那么孤独地站在灯火稀疏黯淡的角落，用那双疲惫的双眼忧伤地看着衮衮诸公、升斗市民挨山塞海、摩肩接踵，喋喋不休的说笑、恣肆放荡的浪言秽语如波涛一样淹没了他的沉默。狂欢的要素早已从外表到精神主宰一切了，只是有些无人察觉的东西正在慢慢焦化、腐烂、变质，被烧成灰烬之前，还冒着丝丝黑烟。

临安城，究竟埋葬了多少人的梦想，又刺痛了多少人敏感脆弱的神经？

二十三岁那年，辛弃疾第一次走进临安，他的传奇故事却比他更早到达这里。

身为沦陷区的亡国遗民，当靖康之变陡然将时代生生撕裂出一个无法填补的缺口，一半人已跌入万劫不复的深渊，一半人仍站在断崖上仓皇失措，不知今夕是何年。

由于生父辛文郁早亡，辛弃疾的启蒙教育是祖父辛赞亲手操持的。靖康之变时，受家族人众所累，辛赞不得已滞留在沦陷区，又因家族生计所困被迫仕于金国，尽管屈事蛮夷的煎熬日甚一日，可他总算还承受得起，依旧汲汲然以收复河山为己任，他给自己的孙儿取名"弃疾"，正是盼望孙儿日后能像霍去病那样驱逐金贼、建功立业。

少年时代的辛弃疾便是在祖父的谆谆教诲下成长起来的，他的人生早已被祖父绘好了蓝图。辛赞每日带着孙儿登高望远，指画山河，给他讲前朝往事，还让他两次奔赴燕京参加金国科举，沿途察看山川地理形势和城防民生，为日后揭竿而起做足准备。

绍兴三十一年（1161），金主完颜亮兵分四路，对南宋发起全面攻击。他签发诏令征调中原百姓入伍，搜刮民间马匹车辆，中原百姓不堪其扰，潼关以东、淮河以北的反金武装风起云涌。二十二岁的辛弃疾散尽余财，在家乡济南拉起一支两千人的队伍，投奔了山东地区起义规模最大的天平军领袖耿京。

耿京起于陇亩，手下诸将多为目不识丁的贫苦百姓，而辛弃疾出身官宦之家，又精通文墨，便被耿京任命为天平军掌书记，负责全军的文书工作，掌管耿京义军大印。

先前辛弃疾在济南起事时，还有另一支千人部队由和尚义端统领，目前正驻扎在泰山之上，两人有过几面之缘，探讨兵法颇为投机，辛弃疾便主动请缨，劝义端归顺了天平军。

可义端自诩有谋略，看不上泥腿子出身的耿京。某日，义端不辞而别，顺手偷走了义军大印。义端是辛弃疾举荐的，二人平日私交不错，而大印又是从辛弃疾处失窃的，耿京以此断定辛弃疾与义端狼狈为奸，下令处斩辛弃疾。

辛弃疾虎目圆睁，当即向耿京立下军令状，三日内必追回大印，如有食言愿受军法处置！他料定义端盗取大印势必要投奔金人，于是抄近路昼夜疾行，终于在第三日夜赶上了义端。

义端深知辛弃疾武艺高强，赶忙换上卑微的语气服软求饶："幼安你是青兕[2]转世，力大无穷，而我只是个庸人，你就高抬贵手放我一马吧。"

辛弃疾冷笑一声，杀意已在脸庞盛放："金贼犯我河山，屠我百姓，你这贪生怕死的无耻小人，怎好意思向我求情！"说罢催动胯下骏马，拔剑前刺，一剑贯穿义端后心。

辛弃疾翻身下马，从义端随身携带的包裹中取回大印，又砍掉义端首级挂在马鞍上，然后掉转马头，飞速向义军大营赶去。

山风依然在耳边呼啸，幽咽凄清的间隙夹杂着哒哒的马蹄声，隐隐约约，忽近忽远。朦胧的月亮被浓云遮住了一半，恬静而寂寥地照耀着大地，空谷绝壁间只剩下一声坚毅的回响：

"投靠金贼者，杀无赦！"

## 二

一颗鲜血淋漓的人头摆在案上，耿京赞不绝口，用最朴实直白的方式接纳了辛弃疾：他敢杀人，等于跟只会夸夸其谈的书呆子划清了界限；他重信重义，又是出身底层的耿京最为欣赏的品质。很快，耿京便派辛弃疾与二把手贾瑞一同渡江联络朝廷，以便在朝廷的节制下继续对金作战。

绍兴三十二年（1162）正月，辛弃疾一行抵达建康府，这是他第一次步入南宋控制的疆域。近乎慵懒的闲适状态放缓了时间的进度，迥异的生存环境代表着一个时代的整体气息，北方随处可以听到兵戈扰攘之声，看到寒烟衰草凝绿，南方则黯淡了刀光剑影，远去了鼓角争鸣，而江山如画折射出的无边风月，总归逃不过残山剩水的意味，所谓天下太平，也不过是一种关起门来自我欺骗的模糊向往。

当高宗得知山东境内居然有一支二十万众的义军队伍，当即大笔一挥，授耿京天平军节度使，辛弃疾封承务郎[3]。然而，就在一行人返回山东途中，起义军已不复存在，天平军将领张安国贪图富贵，接受金人招安，居然杀害耿京，遣散了义军，如今已被封为济州知州。

辛弃疾痛心疾首，发誓定要为耿京报仇雪恨。他率领京东招讨使李宝赠予的五十精骑，马不停蹄赶往济州。

鉴于济州城驻扎着五万人马，辛弃疾决定兵行险棋，他将五十名骑兵埋伏在城外的山坡上，和统制官王世隆二人来到金营，点名道姓要见张安国。

张安国正与金军将领饮酒作乐，一听辛弃疾在营外，本能地以为辛弃疾是眼看义军解散走投无路前来投奔，做梦也不会想到他居然敢来报仇。

于是，张安国走出大营，尚未来得及寒暄，辛弃疾突然抽出佩剑猛虎一般扑至张安国身前，将剑架在了他的脖颈上，然后冲着面面相觑的数万守军高喊："朝廷十万大军即刻便到，不想死的速速离去！"说罢便将张安国绑缚在王世隆的马上，让王世隆先行一步，自己殿后。

偌大的军营瞬间乱作一团，同张安国饮酒的金军将领见士卒哗变，赶紧披挂上马，挥舞狼牙棒朝辛弃疾杀来，交锋数个回合就被辛弃疾一槊掀翻。

辛弃疾趁乱且战且退，五十精骑就在不远处接应，三下五除二将张安国装进麻袋，扔在马背上向南疾驰而去。这是真正意义上的万军之中取敌将首级如探囊取物。后来辛弃疾回忆这段戎马生涯，不无骄傲地感叹"追念景物无穷，叹年少胸襟，忒煞英雄"（《金菊对芙蓉·远水生光》）。

辛弃疾千里跋涉将张安国押赴临安斩首，赢得官家连连称赞："卿不畏艰险奋勇擒贼，虽古之良将亦难如此，真英雄也！"

辛弃疾千里擒贼的传奇故事被广泛传颂，好友洪迈还专门撰写《稼轩记》大书特书："齐虏巧负国，赤手领五十骑，缚取于五万众中，如挟毚兔，束马衔枚，间关西奏淮，至通昼夜不粒食。壮声英概，懦士为之兴起，圣天子一见三叹息。"

慷慨激昂的少年意气，像盛夏的骄阳，热烈得有些肆无忌惮，就像这座日渐繁华的临安城，那里自然会有他梦寐以求的建功机遇。

一个人青年时代耳濡目染，时代精神已难以磨灭地融入他的血液，不管现实的困难每时每刻在耳边聒噪些什么，不管当前步履有多蹒跚，道路有多泥泞，总不会放弃光荣的信仰。

辛弃疾原本设想官家会像刘邦拔擢韩信于行伍、汉武帝钦命霍去病统兵于漠北那样令其统兵御敌，结果却只是被授予江阴军签判[4]这一文职。他曾经认为来自官家的欣赏，来自朝野的轰动，必将成为他戎马生涯的起点，日后自然少不了机会大展拳脚、冲锋陷阵。然而，当他宦海沉浮、满身伤痕又始终不愿放弃胸中那尚未熄灭的点点星火，蓦然回首才发现，旌旗漫卷、浴血擒贼已是他杀敌报国英雄故事的结尾。

任职江阴军签判没几日，辛弃疾已然深刻体会到基层工作的艰涩，烦琐的文书事务让他疲惫不堪，但更累的还是那颗渴望金戈铁马的心。南归之前，辛弃疾设想过未来会是怎样的意气风发、情绪激昂，想象着军中舞槊、忘乎所以地纵情高歌，但这一切美好设想都不曾出现,只剩一个茕茕孑立的孤独身影，在昏黄的灯烛下愁绪满怀、心不在焉地听着雨滴滴落在阶前的声音。

最让他义愤填膺的是，同为大宋百姓，江南地区竟将北方归国之人统称为"归正人"[5]，这自然有担心归正人中存在金国奸细的现实考量，但难免也有几分自恃正统、蔑视北人出身的傲慢情结。

出身问题成为辛弃疾永远挣脱不开的束缚，他自信可以肩负起振兴天下的重任，自视为收复河山的"千丈擎天手"，但官家却不让其统兵，以北伐之策干谒张浚失利，不顾身份低微越职给官家上《美芹十论》失利，给宰相虞允文上《九议》失利……现实愈是惨淡，悲愤的忧国之声愈是响亮，愈是会萌发出一种创作的激情。

> 春已归来，看美人头上，袅袅春幡。无端风雨，未肯收尽余寒。年时燕子，料今宵梦到西园。浑未办黄柑荐酒，更传青韭堆盘？
> 却笑东风从此，便薰梅染柳，更没些闲。闲时

又来镜里，转变朱颜。清愁不断，问何人会解连环。
生怕见花开花落，朝来塞雁先还。

如果有可能，辛弃疾是不愿填词作赋的，他的梦想是沙场征战，军人应当像霍去病、岳飞那样拿起枪，而非提起笔，可他又不得不提起笔来，将种种失意诉诸笔下。

当一首词、一段音波的律动从辛弃疾的幻想和直觉中通过文字的形式表达出来，他的创作便赋予时代精神一种最恰当的文体表现形式，也将民族的命运、内心的呼唤以及苦苦探寻的生命理想全部融入其中。这是时代的大幸，也是词人的大不幸。

## 三

乾道四年（1168），辛弃疾调任建康府通判。辗转任职数年间，他已然知晓碍于归正人的身份，想要获得朝廷认可，必须有重臣举荐提携。饶是辛弃疾这等快意恩仇的豪杰，也不得不在讲出身、拼资历、论人脉的政治格局下暂时妥协。

基于认知的改变，辛弃疾竭尽心力尝试与建康府一干主战派人物建立交情，频繁参与歌舞宴集，诗词酬和，很快打通了上下各级的感情联络线。幸运的是，建康府一干同僚皆是志同道合的"战友"，话虽讨巧，但不阿谀；词虽歌颂，但不违心。

比如他在词中把建康留守史正志比作大鹏（鹏翼垂空），称他有女娲补天之能（袖里珍奇光五色，他年要补天西北），又夸他英雄不老（梅花得似人难老），登堂拜相指日可待（凤诏看看到），还说建康留守的官职实在屈才（留不住，江东小），盛赞其终将运筹帷幄，重整河山（从容帷幄去，整顿乾坤了）。

在辛弃疾的笔下，酬答词往往会升格为激励众人完成北伐大业的爱国词、励志词，他的词完全是其生命意识的自然流淌，浑然天成、不事雕琢之外自有一份笃定，他笃定这样一群志在北伐的慷慨义士怀着山河破碎的悲愤，纵使像盲人在虚无的深夜四处求索，也依然能从中感知到黑暗之外的耀眼星光。

两年后，辛弃疾建康府通判任满，意外接到了命他进京面圣的诏令。大概得益于时任户部侍郎史正志或枢密都承旨叶衡的举荐，他终于得到一个面陈韬略的宝贵机会。

延和殿上，辛弃疾将他酝酿多时的北伐主张（即经营两淮、窥视山东）和盘托出，他以长蛇之阵举例，由山东一路向北，一千二百里外便至燕京，可见山东之地正是北夷之首，京洛、关陕是其身、尾。观今之时，贼于关中、洛阳、汴梁三处皆列屯置戍、防御极严，却独独忽视山东，正是以为我必觊觎两京而不顾其他，这才将重兵驻扎在两淮沿线，我若强行进取中原，势必要与贼拼死相搏，胜算难测，不若疑兵四出，大张旗鼓，迷惑金贼各路分兵，我却兵出海州奇袭山东，山东既下则厉兵秣马，招揽忠义，然后传檄河朔，天下必定！

如此强烈建议出兵山东，主观上自然是希望官家采纳提议的同时，让熟知山东实情的自己参与一线军事指挥或将其调入枢密院居中参赞，可惜孝宗并不认可。辛弃疾又连上《论阻江为险须借两淮疏》《议练民兵守淮疏》，同样是徒劳无功。

一股褐色的疲劳慢慢流进了辛弃疾的身体里，壮志难酬的阴影又出现了。在辛弃疾眼中，熙熙攘攘的临安城，像是一只被捆住手脚又好吃好喝供养起来的庞然巨兽，除却躺平享乐再无其他烦恼，偶尔用些振聋发聩的言论还能勉强唤醒，可唤醒后对周遭的一切又是那么茫然无知且置若罔闻。

乾道七年（1171），南渡已满十年的辛弃疾外任滁州知州。

十年饮冰难凉热血，他战场拼杀的那一面，在硝烟中铸就的强悍意志和说一不二的作风，既让人觉得踏实，也让人感到不安。但效果总是立竿见影的，原本饱经战火几成废墟的滁州城迅速得以复苏。朝廷似乎认识到辛弃疾是个不可多得的干才，哪里有突发危机就将其调往哪里，美其名曰担当重任，实际是丢给他烂摊子，还要让他背黑锅、当恶人。

淳熙二年（1175），辛弃疾任提点江南西路刑狱公事，负责平定茶寇叛乱。他亲率一帮老弱病残，带头冲入茶寇营寨，杀得兴起，一手持槊，一手持剑，如同当阳长坂坡上的赵子龙一般七进七出，如入无人之境，一战便将困扰朝廷数月的叛乱彻底荡平。

淳熙四年（1177），辛弃疾差知江陵府兼湖北安抚使，一到任便严明律法，凡以耕牛并战马负茶过北界走私者斩，知情不报或是窝藏不法之徒者以兴贩军需物论罪，迅速将寇盗作乱、民间盐茶走私的现象扼杀殆尽。

淳熙六年（1179），辛弃疾知潭州兼湖南安抚使，全力整肃贪腐，对于境内昏聩庸鄙、贪占百姓租赋的官员一律严惩，短短数月，因贪腐罪被罢免者不计其数。

同年，辛弃疾在湖南招募精壮人马组建飞虎军，为筹军饷他力排众议，将民营官府征税的税酒法改为官府专营专办的榷酒法，朝中反对声甚嚣尘上，孝宗唯恐辛弃疾过于自专，着枢密院下发御前金字牌，严令辛弃疾立即停止建军一切事宜。

辛弃疾用他那双炯炯有神的虎目看穿了金字牌"御前文字，不得入铺"八个大字里隐藏的东西，这是与当年岳飞一样遭遇到的政治黑幕。他一声不响把金字牌藏了起来，既不告知下属，也不答复朝廷，等飞虎军建成后，才把建军以来全部收支账目明细呈送朝廷，以示清白。

淳熙七年（1180），辛弃疾知隆兴府兼江南西路安抚使。这一年，江西先是水灾，后是旱灾，田亩几乎颗粒无收。到任没几天，他就张贴榜文：闭粜者配，强籴者斩。凡屯粮不售妄图囤积居奇者，一律刺配充军；凡强买甚至武力抢粮者，杀无赦！很快便平息了粮荒。

这实在很符合他做事的风格，只问该不该做，而非能不能做，该做之事绝不踟蹰，推行政策绝不手软。与其同朝为官的罗愿评价他"文武兼资，公忠自许，胸次九流之不杂，目中万马之皆空"[6]。他性格中狂傲特立、每每突破朝廷制度自作主张的一面，尤其是越挫越勇的主战意志和雷霆治乱的酷辣手段，让朝中许多不明实情的官员认定他贪图虚名、贪残害民，极大程度上演变为辛弃疾日后的悲剧。

## 四

淳熙八年（1181）十一月，命运的齿轮开始转动。

完成治荒任务的辛弃疾改除两浙西路提点刑狱公事，未及上任，监察御史王蔺突然以"奸贪凶暴，帅湖南日虐害田里"之罪上疏弹劾。

奸，是说辛弃疾曾有意结交主战派人士赵彦端、史正志、叶衡等人，指责他私揽同党，搞小集体；

贪，是指辛弃疾在筹建飞虎军时花费巨大，为赶工期不惜代价开采、运送、购买砖瓦石料，尤其是为军队装备战马，仅在广西购买五百匹马就花费五万缗钱，远超市面正常价格，鉴于辛弃疾担任地方主官以来，花钱一向大手大脚，势必中饱私囊；

凶暴，是指辛弃疾平定茶寇时杀伤甚众，四处救灾期间又以雷霆手段滥杀滥罚。

为突出弹劾效果，王蔺还下了一个危言耸听的定论：用钱如泥沙，杀人如草芥。

王蔺身在朝廷，根本不了解地方实情，只是以个人好恶与观念臧否人物。实际上，南宋孱弱的政治肌体及浮华的行政做派，正需要辛弃疾这种作风强硬者大加提振，可惜他总归是从北方归正而来的武将，在重文轻武又看出身背景的朝堂实在得不到太多认可，反而还要因主战意志坚定承受逐渐占据优势的主和朝臣的打击，他们视辛弃疾为异类，靠主观臆造给其安插罪名，强烈要求孝宗严惩不贷。

从某种意义上说，辛弃疾的志向、出身、性格和治理风格注定了他要经历日后那漫长的贬谪生涯，这完全不是他个人的过错，而是整个时代强加给他的苦难。

孝宗自然清楚辛弃疾的才能，只是朝中议论愈演愈烈，若不处理难掩众口铄金，便降诏申饬："辛弃疾自诩具备范蠡的理财之明，实则是与民争利，又以酷虐滥杀于时不容，朕不曾料到地方上竟有如此残暴之人！姑念其尚有忠君之心，特法外开恩，免去右文殿修撰的贴职及两浙西路提点刑狱公事的差遣官,仅保留薪俸待遇,希望辛弃疾痛改前非,更图日后报效君父朝廷。"

多年间,辛弃疾对孝宗的态度也逐渐由殷切期望转为深深的失望。孝宗看上去像是一个睥睨天下、自信十足的有道明君,然而他的自信心是建立在美好的北伐愿景之上的,在他所做出的每一个决定的表象下,辛弃疾都能明显察觉到一份迟疑和退缩,早已不见当年那股致力于恢复事业的精气神。

反观孝宗对辛弃疾的态度,大概从来算不上真正意义上的亲信赏识,先前宰相王淮就曾评价:辛弃疾是个难以真正驾驭的臣子,既不能不用,也不能重用。这番言论孝宗应该是听进去了,辛弃疾不辞劳苦四处救火的功劳,自然在孝宗心中变得没那么重要了。毕竟政治从来就不是讲对错能讲出结果的,政治从来都有这样一种特点:无论身处其中的人们怎样冷静或如何努力,不利于个人的细小分子总会在更加狭窄的缝隙中被无限放大,并以另一种失真的模样显露在外面,真与假的界限被抹去,真可能是假,假也可能成真,完全不由当事人控制。

调任两浙西路提点刑狱公事前,辛弃疾似乎有预见性地在信州城北一处空旷之地营建居所,如今正好用于归隐。此地南北两侧皆是连绵不绝的低矮山脉,两山之间夹着缓缓流淌的信江,门前又临一泓狭长的清泉,光可鉴人,辛弃疾便将居所取名为带湖。

>带湖吾甚爱,千丈翠奁开。先生杖屦无事,一日走千回。凡我同盟鸥鹭,今日既盟之后,来往莫相猜。白鹤在何处,尝试与偕来。
>
>破青萍,排翠藻,立苍苔。窥鱼笑汝痴计,不解举吾杯。废沼荒丘畴昔,明月清风此夜,人世几欢哀。东岸绿阴少,杨柳更须栽。

这首《水调歌头·盟鸥》堪称辛弃疾版的《归去来兮辞》。曾经,少年意气、挥斥方遒的辛弃疾是不能被约束的,也没人约束他,他以为凭借一股浩然无畏的气魄自可施展平生抱负,致君尧舜,然现实的窘迫直直将他带入人生另一种境界,归正人?士大夫?战场拼杀?空老山林?谪居后的辛弃疾突然发现陶渊明不与世俗同流的情感与价值寄托,与自己如今的心态相当契合。

五柳先生说自己性刚才拙,与物多忤,辛弃疾也说自己刚拙自信,不为众人所容。二人归隐的经历也颇为相似,不仅年龄相仿,且归隐地点均在江西。不同之处在于,陶渊明的归隐受时代所迫,属于自我解脱的主动选择,且归隐后需要日日以躬耕为生,物质生活长期困窘;而行事激进、不懂斡旋、朝中又无人佑护的辛弃疾,属于受言官弹劾被迫闲居,内心自然是愤懑不平又充满矛盾的。他那看似漫长的仕宦生涯，实际上平均一职不足一年，甚至在十三年间调换了十四任职务。尽管宋朝素以官员频繁调动为传统，但制度规定正副宰辅、三省等朝廷要职及决策层面的官员均须科举出身者担任，辛弃疾归正人、武将、非进士、非恩荫的出身背景，决定了他只能徘徊在决策阶层之外，成为宦游士子的典型代表。回首过往，恍然如梦，应是别有一般滋味在心头。

绍熙三年（1192），归隐已满十年的辛弃疾突然接到朝廷调令，起复他为福建路提点刑狱公事。这一年，福建路盗匪横行，起用辛弃疾的目的仍免不了是紧急救火，然后再无情抛弃。

两年后，左司谏黄艾上疏弹劾辛弃疾"残酷贪饕，奸赃狼藉"，这是由于辛弃疾在福建厉行经界、钞盐法[7]，严重侵害了地方豪绅的切身利益。黄艾祖籍福建莆田，想必是这帮奸猾之人私下联合起来请求在朝为官的黄艾帮忙构陷，以便继续兼并土地、害民牟利。

很快，辛弃疾就被免去福建安抚使一职。那些带着嘲讽恶意的粗野面孔，那股从所谓清廉刚直之人浑浊呼吸中散发出的卑鄙龌龊的气息，那些自恃清流实则卑劣的丑陋嘴脸，时时浮现在辛弃疾眼前，这种厌恶感越来越强烈，他越来越想逃离。

距离带湖不远的瓜山山麓有清泉自石罅中流出，经过一道石梁，梁上有两个大窝，其一规圆如臼，其一规直若瓢，泉水流入臼中，而后入瓢，其水澄渟可鉴，形成美妙的水波，名为"周氏泉"。

淳熙十二年（1185），辛弃疾到此游玩，一眼就爱上了这里，提笔留下了"便此地、结吾庐，待学渊明，更手种、门前五柳"（《洞仙歌·飞流万壑》）的感慨。如今罢职后重返信州，辛弃疾不想继续在带湖归隐，便取《论语》中"一箪食，一瓢饮，在陋巷，人不堪其忧，回也不改其乐"之意，将周氏泉改名为"瓢泉"，着手营建新居。

但悲剧仍在延续。宋宁宗庆元元年（1195），御史中丞何澹弹劾辛弃疾暴虐成性，掩帑藏为私家之物，席卷福州为之一空，秘阁修撰之职被免；次年，朝中言官再补一刀，弹劾他骄横肆虐，一意孤行，主管建宁府武夷山冲佑观的虚职又被免去。辛弃疾至此彻底成为一介布衣。

此番归隐，又用去辛弃疾八年时光。人生中最好的十八年，原本可以建功立业的十八年，统统消磨在归隐的落寞之中。江南游子拍遍栏杆，无人知晓胸中的豪气干云，储存往事的那扇沾满血泪的大门又悄无声息地敞开了，回首远望，却再也找不到家的方向。

闲居岁月，辛弃疾填了两百余首词，占总词量的三分之一。漫长的归隐生涯，胸中的一团火、内在的一朵花逐渐熄灭、凋零了，再没有了"了却君王天下事，赢得生前身后名"的振衣而起，没有了"长剑倚天谁问，夷甫诸人堪笑，西北有神州"的豪放浩荡，也没有了"道男儿到死心如铁，看试手，补天裂"的壮怀激烈，取而代之的是"心似风吹香篆过，也无灰""奈一番愁，一番病，一番衰"的悲凉凄冷。[8]

## 五

嘉泰三年（1203），六十四岁的辛弃疾突然被起复知绍兴府兼两浙东路安抚使，并于年末入朝觐见官家。这一时期，韩侂胄的北伐意图愈发明显。谈及北伐战略，辛弃疾谨慎地告诫宁宗：金国外有蒙古人虎视眈眈，内有汉人起义不断，衰亡已然不可避免，机会难得，如若积极策动北伐，定能一雪靖康之耻，收复中原失地。但北伐绝非小事，更非易事，不能草率出兵，应当由朝中元老大臣全权主持，根据形势发展，制定应变之策。

当然，朝野上下称得上主战元老，又真正与金人交过战、拥有丰富带兵经验者，除辛弃疾不做第二人选。辛弃疾深知收复河山是他终生无法割舍的一部分，已经融入自己的精神世界。即便赋闲近二十年，可如果朝廷真要一战，他甘愿跃马关山、马革裹尸而还。

这番毛遂自荐般的暗示，宁宗却并没有听出来，他自顾自地问道:"如卿所言,我王师北伐之日,当真能势如破竹吗?"

辛弃疾只好无奈地继续奏答:"官家,御前诸军承平日久,战力软弱,隆兴北伐如此大好局势尚有符离之败,臣恐仓促用兵极难有所作为,恳请官家择选知兵善战之将,于两淮前线招募敢战军民勤加训练,需耐心等待边衅,方可麾师北伐。"

面对用心良苦的建议,宁宗仍然毫无反应,只是草草对辛弃疾说:"卿所言极是,且留临安,与韩卿擘画襄赞。"

然而,韩侂胄并非真正信用辛弃疾。很快,辛弃疾就被调往京口,任镇江知府,只能为即将铺开的北伐事业壮壮声势、敲敲边鼓。

嘉泰四年(1204),六十五岁的辛弃疾又一次登临北固山极目远眺,只见沃野千里,落日浑圆,烟树苍茫,江山无限。感慨万千之中,他挥笔写下《南乡子·登京口北固亭有怀》:

何处望神州?满眼风光北固楼。千古兴亡多少事?悠悠。不尽长江滚滚流。

年少万兜鍪,坐断东南战未休。天下英雄谁敌手?曹刘。生子当如孙仲谋。

他是如此热爱三国,歌颂乱世豪杰,孙权年纪轻轻就统率千军万马坐断东南,他何尝不是曹、刘、孙之类的英雄?可他失望了许多年,也失败了无数次,到头来还是换不到一次领兵北伐的机会。

北伐尚未成行,辛弃疾就在开禧元年(1205)三月因举人不当降为朝散大夫。五月,韩侂胄不顾御前诸军备战是否充分、将帅是否得人,草率密令荆襄方面军越过边境,对金人进行试探性挑衅。一个月后,韩侂胄大概认为辛弃疾的主战旗帜作用已经发挥完毕,便将其调任隆兴知府,离开了对金前线。

失望至极的辛弃疾怀着一腔愤懑,写下了千古绝唱《永遇乐·京口北固亭怀古》:

> 千古江山,英雄无觅孙仲谋处。舞榭歌台,风流总被雨打风吹去。斜阳草树,寻常巷陌,人道寄奴曾住。想当年,金戈铁马,气吞万里如虎。
>
> 元嘉草草,封狼居胥,赢得仓皇北顾。四十三年,望中犹记,烽火扬州路。可堪回首,佛狸祠下,一片神鸦社鼓。凭谁问:廉颇老矣,尚能饭否?

离开京口前夕,辛弃疾又想起了鼎足三分的孙权,还有当年在京口发展壮大,戡平内乱,取代东晋,然后麾师北伐,先后灭掉南燕、后秦,收复两京的宋武帝刘裕刘寄奴,端的是一段金戈铁马、气吞万里如虎的浩荡伟业。可惜刘裕之子宋文帝刘义隆志大才疏,妄想效仿霍去病封狼居胥,后续两次北伐都以仓皇败北告终。元嘉二十八年(451),魏太武帝拓跋焘渡河南下伐宋，陈兵瓜洲，并在此修建行宫，扬言饮马渡江，刘义隆只得狼狈求和。

拓跋焘修建的行宫，就是如今的佛狸祠。历史更迭难免让前朝往事云消雾散，大宋百姓竟全然不知此乃七百年前异族皇帝南侵驻跸之处，误以为只是古人祭祀神祇的庙宇。鸦鸣鼓喧、凄清冷寂，历史的耻辱就这样被彻底遗忘了，还有谁会问一句：廉颇老矣，饭量还好吗？

辛弃疾无意做廉颇，可命运的悲剧总有这样一种特点，无论身处其中者怎样冷静地寻找方法对抗命运，这种悲剧都会严谨地按照齿轮转动的方式将命运推向既定的位置，这可以称为宿命，永远无法逃避的宿命。

七月，尚未赶到隆兴府任职的辛弃疾又被言官诬陷为"好色贪财，淫刑聚敛"，朝廷第三次剥夺了辛弃疾的一切任用，改授提举冲祐观。一身疲惫的辛弃疾最终挥手与往事作别，重回瓢泉归隐。

以开禧北伐比于四十三年前的隆兴北伐，同样是南宋方面不宣而战，同样是重新举起尊岳贬秦的政治大旗，同样是一场有心无力的惨败。

随着朝中与金议和的呼声甚嚣尘上，黔驴技穷的韩侂胄只好继续利用辛弃疾做文章，再将辛弃疾起复为江陵知府兼湖北安抚使，晋位龙图阁待制（从四品，诸阁待制最高等职名），且不许辞免，令赴临安议事。

万般无奈之下，辛弃疾只得拖着病躯赶赴临安，随即又被晋升为兵部侍郎，从三品，为其从政一生之最高官阶。尽管韩侂胄一再示好，辛弃疾的健康状况却迅速恶化，经多次上疏辞免，最终回到了瓢泉家中。

开禧三年（1207）四月，韩侂胄命方信孺为国信所参议官，与金议和。方信孺回到临安后，带回了金人的五项议和条件：一割让两淮，二增岁币，三犒赏全军，四索还归正人，五处死韩侂胄。

韩侂胄闻讯大怒，只能硬着头皮继续与金军周旋。另一边，开禧北伐的惨败令朝野暗流涌动，礼部侍郎史弥远一跃成为主和派领袖，他密奏宁宗：韩侂胄再启兵端，将危社稷，要求宁宗尽快斩韩，以谢金人。

内外俱危的生死关头，韩侂胄再次起用辛弃疾为枢密院都承旨。都承旨为枢密院属官之首，掌承接、传宣机要密命，这曾是辛弃疾追求一生而不得的入朝机会，也是他梦寐以求的主持北伐的机会，可这一切都来得那么晚，来得那么绝望，沉疴难起的他再也没有可能一展宏图，而只能遗憾地与惨淡的世界挥手作别。

开禧三年（1207）九月，朝廷同意辛弃疾致仕的请奏，并赐对金衣带，以龙图阁待制致仕。

病重卧床的辛弃疾似有预兆地强撑病躯，再次穿上了多年前戡平茶寇时的甲胄，他第一次感到这盔甲竟是如此沉重，压得他有些呼吸困难。他郑重地扶正头盔，又把佩剑牢牢地挂在腰间，装束完毕便步履艰辛地走到铜镜前，年轻时那张棱角分明的脸庞早已不见了，取而代之的是一张经岁月雕刻后线条坚硬、皱纹如縠的面孔。须发皆白、形容枯槁的他多么想挥剑狂舞，可却连胸膛都挺不起来了。

他又想到了《离骚》，想到了屈原，《离骚》固然有怨，但更多的是爱；屈原固然有恨，但更多的也是爱。他爱自己的国家，爱自己的君王，爱祖国的大好河山，更爱大地上繁衍不息的黎民百姓。他像一个痴情的男子无限爱恋着心中的静女，笃志为那个女子奋斗、拼搏，不顾一切地舍生忘死、忧劳国事，他爱得太过深沉了！那个女子不理他，误解他，甚至厌烦他、抛弃他，可他还是矢志不渝地追求女子的爱，把一切献给她、尝试温存她，甚至在她彻底抛弃他后依然偷偷跟随、祈祷，默默为她唱着赞歌，直至他自沉汨罗，魂消命绝，依然要挺起一身傲骨，在水中高歌：沧浪之水清兮，可以濯我缨；沧浪之水浊兮，可以濯我足！歌声随滔滔江水而去，在朝堂上、在江湖上也在史册上万秋流传，这才是《离骚》的神韵，这才是与山川江海共存的屈原！

九月十日晚，辛弃疾病逝于瓢泉，时年六十八岁，死前仍大呼："杀贼！杀贼！"

辛弃疾死后被葬于铅山县南十五里的阳原山。两个月后，中军统制夏震等人在史弥远的授意下将韩侂胄暗杀，割下首级送至金国。史弥远由此执掌朝政，并全部接受金人的议和条件，增岁币为银三十万两、绢三十万匹，犒师银三百万两，宋金第三次达成和议，史称"嘉定和议"。

宋度宗咸淳年间，史馆校勘谢枋得经过铅山，投宿在一处寺庙中。入夜，他听到堂上有忧愤之声不绝于耳，便向僧人问讯，得知辛弃疾墓便在庙后。有感而发的谢枋得秉烛走笔，写下一篇《祭辛稼轩先生墓记》。

记中，谢枋得盛赞辛弃疾忠义无双，不在张浚、岳飞之下，如他这般雄才伟略、文武双全之人若生在太祖赵匡胤、太宗赵匡义时代，必然可以登朝为相。只可惜英雄生不逢时，风流总被雨打风吹去。

在辛弃疾之后，南宋尚有刘克庄、刘辰翁等人勉强撑起豪放派的江湖，也有张世杰、陆秀夫、文天祥等人尽力支撑国家残局，然而，他们的努力、笔力终究比不上那个"金戈铁马，气吞万里如虎"的时代，那是属于辛弃疾的时代。

## 注释

[1] 司农寺主簿：主管籍田，祭祀贡品，及平籴、利农等事。

[2] 青兕：《山海经》记载，兕在舜葬东，湘水南。其壮如牛，苍黑，一角。

[3] 承务郎：有官名而无职事，代表官员品阶。绍兴年间厘正文武职官阶，文官三十七阶、武官六十阶，其中承务郎为文散官二十五阶，从八品。

[4] 江阴军签判：军是宋代特有的行政区划，同州（府）一个级别，长官称为知军。签判全称为签书判官厅公事，属于知军或知州的幕僚官，协助军、州长官处理政务及文书案牍。

[5] 归正人：朝廷规定，归正人一般只允许添差某闲散官职，从不给予实权。

[6] 参见罗愿《谢辛大卿启》。

[7] 经界、钞盐法：官府重新丈量、清查、统计、登记天下田亩，称为"经界法"；官府发放钞盐，卖给盐商，盐商凭证从盐场购盐，到市场上销售，称为"钞盐法"。

[8] 以上参见辛弃疾词《破阵子·为陈同甫赋壮词以寄之》《水调歌头·送杨民瞻》《贺新郎·老大那堪说》《添字浣溪沙·强欲加餐竟未佳》《行香子·归去来兮》。

姜夔　我们都在用力地活着

一

已经入夜的天空不见星星，朦胧阴冷的月亮也被浓云遮蔽了一半，从钱塘江上呼啸而来的风以凌厉的攻势刮向正在沉睡的千家万户。门窗吱呀作响的声音和穿街走巷打着旋儿的风声不断向外扩张，拉伸到了愈发恼人的强度，但在右丞相府忙碌一日的刘庆此刻正趴在床上酣然沉睡，他做梦也想不到，今晚的临安城将因他翻身时不小心打翻烛台而迎来一场空前绝后的灾难。

烛台的火苗点燃了纱帐，又蔓延至窗帷、桌案，瞬间燃起熊熊大火。梦中的刘庆又热又燥，一种被扼住咽喉的窒息感终于逼醒了他，眼前已是一片火海。大约子时，火光伴随着浓烟从八条巷刘庆家猛然蹿出，在大风的助力下迅速向周围密集的住宅蔓延。冲天大火"兵"分两路，一路烧至南面的右丞相府、尚书省、枢密院、制敕院、检正房、左右司谏院，另一路向西南方向的太庙杀奔而去！

府衙没了还能重建，太庙却绝不容有失！收到火警的太师韩侂胄亲自挂帅，在太庙前设立临时指挥所，集中了全城潜火军兵及全部可用的救火工具如水桶、棚索、斧、锯、叉、火笼、火背心，无奈火势太大，根本无法扑灭，韩侂胄当机立断，命士卒冒死冲入已经燃烧的房屋之中，拆除房梁、弄塌墙体，试图降低火焰高度，并用倒塌的墙体压灭部分火苗。

说来实在悲催，赵宋在五德延续[1]中属火，故称炎宋，可自诩天命攸归的大宋官家既不能以火熔化号称"镔铁"民族的契丹，还被不怕火炼的金人灭了国。赵构在应天府重建社稷时选用的第一个年号"建炎"仍是力求重塑火德，然而火德给官家带来的更直观的现实影响，似乎就是让临安成为历朝历代火灾最频发的都城之一。据《建炎以来朝野杂记》记载，临安确立为行都[2]后共计发生大型火灾七十三次，未被记录的小型火灾更是数不胜数，算是冥冥之中以这种方式与宋人引以为傲的火德呼应上了。

当然，临安频发火灾的根源在于城市的空间承载力早已处于超负荷状态。临安城区面积四十平方公里，常住人口竟有一百五十万之多，商业用房、居民用房供需日益紧张，许多达官显贵从中捕捉到了商机，比如高宗最宠信的御医王继先在临安广造宅第，起盖房廊，收取租金；高宗的亲舅舅韦渊在临安、镇江府、平江府、嘉兴府大肆开发地产，每日可得租金两万钱；就连"中兴四将"中的张俊、韩世忠都纷纷涉足地产界，赚得盆满钵满。

高密度的居住空间、超负荷的商业运作，加之频繁的节庆祭祀，蜡烛柴火、烟花爆竹频燃，木质建材本身又易燃，极易导致一家失火，引燃四邻。

频发的火灾让高宗执政后期不得不尝试放缓城建的速度，规定各民坊巷道都要留四丈空地充当"火巷"，无奈城中权贵富户太多，房价年年暴涨，针尖大的地皮都恨不得盖成房屋，根本腾不出一丁点隔离带的空间。

釜底抽薪不成，朝廷只好从防火制度上着手，城中每三百步设置军巡铺，三至五名士卒为一组，巡警盗贼、烟火，同时设望火楼，楼顶有旗亭，昼夜均有人执勤，一旦发现火烟冒发之处，亭上用旗帜或灯火指明方向，楼下专设的潜火军兵迅速集结，前去扑救。[3]

可制度对火灾的严防死守总带有滞后性，而一些不可控因素更会轻易钻出制度的铜墙铁壁。嘉泰四年（1204）三月四日这场大火本是意外，可八条巷周边住宅实在密集，当晚风力又格外大，实在来不及阻断，大火迅速烧到了太庙，韩侂胄只好退而求其次，急命士卒将太庙中的祖宗牌位、册宝法器全部搬至景灵宫暂避，太庙最终在火焰的焚烧下轰然倒塌。

从四日子时一直到五日黄昏，大火在军民拼死协作下得以扑灭，十余里内尽是断壁残垣，除官舍外，两千多户民房毁于一旦，其中就有自号"白石道人"的大词人姜夔的住所，在这场大火中，生活本就不富裕的姜夔直接被烧成了穷光蛋。

八年前，浪荡江湖的姜夔决定追随好友张鉴来临安定居。作为张俊的后世子孙，临安张公子在全国各地都有住宅、田产，极善敛财的张俊当年为防贼偷铸造的那些"没奈何"，也让贫穷一直对张氏子孙"没奈何"，供养些许名声在外的风流才子自然是不在话下的。

姜夔在张鉴的帮助下，拿出毕生积蓄在临安东青门外购置了一套房宅，这里并非富人区，距离繁华的御街甚远，属于城郊接合部，门外便是菜市，又俗称菜市门，是小商小贩聚集之处。但人在闹市，心境却是难得的淡然，即便居住条件相对简陋，但身边有张鉴这等量级的知己兼大金主时时送来温暖，日子想必是很好过的。

姜夔的住宅面积不大，庭院就更小了，只能种上一株毕生最爱的梅树，梅花盛放的季节便在树旁吹笛弹琴，或是写诗填词、练习书法，觉得寂寞了就想一想合肥赤阑桥下的红颜知己，梅影斑驳，风移影动，洒落下深深浅浅的人生印记。姜夔原本设想，若能如此平平淡淡地过完余生，倒也不失为一种别样的浪漫。

然而，这场突如其来的大火给姜夔带来巨大的灾难，财物尽被焚毁，珍藏的字画、书籍还有当年挚爱赠送的琴、笛都没能保住。

姜夔一生爱穿白衣，当晚却被烧得须发皆焦，浑身乌黑，就像白雪沾染上泥淖一样再难恢复如初了。他使劲儿用双手揉着双眼，绝望地对抗着没顶的慌乱，拼命想让自己镇定下来，结果却更加惘然。他为之奋斗的一切，过去所爱过的一切，统统都在吞噬一切的火焰中化为乌有，灾难何其残忍啊！生活又何其艰难啊！

大灾之后，生存成了横亘在姜夔眼前的一座大山。两年前张鉴病逝，姜夔再没能找到像张鉴这样富贵显达又重情重义的好朋友，自然也就无人接济帮扶了。

几经辗转，姜夔又托人在距离城区更远的钱塘门外马塍找到一处落脚之地。南宋时，由于马塍一带土质细腻松软，就被用来养殖花卉，号称"马塍花寨"。晨曦微露，卖花人提着满篮满筐的鲜花，经城北的余杭门涌入临安售卖。应时的鲜花总是供不应求的，宋代男女都爱在头上插枝时令鲜花，将其视为一种流行审美。

马塍景色虽好，姜夔却无心欣赏，他的落脚之处只是个破败的茅草屋，价钱便宜，勉强可以遮风挡雨。为了一家老小衣食不至断绝，五十岁的姜夔又不得不四处奔走，或与权贵诗酒唱和，或在市面售卖他的字画，只为换来几两碎银补贴家用。

精打细算，低眉顺眼，生活的压力、颜面的丢失把姜夔折磨得不成样子，却还要咬牙安慰自己：生活原本就是这样，哪有什么山重水复、柳暗花明。

## 二

淳熙三年（1176）冬至，一年中白昼时间最短的一天，二十二岁的姜夔来到了扬州。比气温更低的，是姜夔的心情。

印象中的扬州，应该是杜牧十年一觉、赢得青楼薄幸名的风流去处，然而一切都变了。如今的扬州，在金人南下的大肆劫掠后，已成为一座千疮百孔的空城。曾经富丽堂皇的十里长街，如今已荠麦疯长，状如荒野；曾经风光旖旎的二十四桥，如今也空对冷月，凄凉萧瑟。

冰冷如水、死气沉沉的氛围，让姜夔有些喘不过气来。科考失利、情绪低落的他，原本希望在这里放松心情，没想到心情没放松，还平添了几许忧伤。

失望至极的姜夔在扬州城逛了一圈，匆匆丢下一首《扬州慢》，黯然离去。

> 淮左名都，竹西佳处，解鞍少驻初程。过春风十里，尽荠麦青青。自胡马窥江去后，废池乔木，犹厌言兵。渐黄昏，清角吹寒，都在空城。
>
> 杜郎俊赏，算而今，重到须惊。纵豆蔻词工，青楼梦好，难赋深情。二十四桥仍在，波心荡，冷月无声。念桥边红药，年年知为谁生？

词人流转在笔间的情感与个人际遇密不可分，他的词作赋予人生最恰当的经验总结。向往美好，是姜夔矢志不渝的追求。"春风十里扬州路，卷上珠帘总不如。"十年一觉的浪荡、腰缠万贯的奢侈，仿佛空气里熏熏然尽是醉意与摇荡的胭脂水粉，这在姜夔看来是很浪漫的事，却也是他一生遥不可及的东西。

世上没有任何记忆是不包含刺痛的，没有刺痛就不能让人感觉它还存在。姜夔十岁那年，生母病逝，他辗转来到湖北，跟随时任汉阳知县的父亲生活，可四年后父亲又撒手人寰，留下青葱少年茫然不知所措，原有的生活轨迹已经彻底发生改变，孤独和敏感串成了一条长长的线，联结起一段道阻且长的忧伤时光。

父母双亡，姜夔只得依靠已成家的姐姐一直生活到成年。姐姐家并不富裕，动辄还要看姐夫脸色，本应天真烂漫的年华，在姜夔眼中只剩白茫茫一片可怕的荒野和一具既需要呵护又不愿失去尊严的躯壳。

姜夔渴望逃离这种压抑的氛围，可以想到的唯一方法就是参加科举。淳熙元年（1174），姜夔告别姐姐回到家乡饶州参加发解试，他自认为足够努力，足够有理由证明自己比别人更有意愿考中，结果却遗憾落榜。

当他走进萧瑟残破的扬州城，站在汩汩流淌的碧水前满怀怆然时，身边始终有一种与其年龄不相符的忧伤四处弥漫。他的身世之悲，与这座城市之殇是如此契合，而这个世界又总是在释放着恶意摧残像他这样的踽踽独行者。

从二十岁考到三十岁，次次皆落榜，连最基础的发解试都考不过，越执着就越失败，越失败就越能感到一种彻骨切肤的悲哀，任他如何天赋过人、精通音律诗词书画，可一进考场，通天的才华立时就成了最无用的附庸。他终于意识到，自我规划的科举入仕之路已经与他渐行渐远了。

宋人笔记中称赞姜夔"襟期洒落，如晋宋间人，意到语工，不期于高远而自高远"[4]，又说他"体貌轻盈，望之若神仙中人"[5]，但温暖的风在他周围静静拂过，没有留下任何痕迹。科考落败的十年，姜夔旅居于江淮、湘中、沔鄂一带，结识了诸多名士，领略了诸多风景，像他这种才华横溢又多愁善感的妙人，最能收获红颜知己。十年漂泊，最令他流连忘返的去处是合肥赤阑桥，赤阑桥畔柳下坊间藏着一段如杜牧沉醉扬州般的风流美梦。

这里住着善操琴筝的歌伎两姐妹,姐姐弹琵琶,妹妹弹古筝,姜夔把她俩并称合肥"二乔","大乔能拨春风,小乔妙移筝,雁啼秋水"(《解连环》)。姜夔每谱新曲,必交予"二乔"演绎,三人相视而笑,浓情蜜意像桥下的清波一样泛起涟漪。

他把自己生命里最重要的一部分永远留在了赤阑桥畔,留在了姐妹俩的如花笑靥之中。那时的合肥,金斗河穿城而过,莺莺燕燕、丝竹声乐不绝如缕,奇异般地交织着一种半晦半明的慨叹和一种不需道破又满是温存的情思,姜夔的心就像春归大地时太阳照耀下的冰雪,正在融化,正在变软。这里有水的声音,有抽枝发芽的绿树,有演奏天籁的情人,有天才的音乐、华丽的辞章,这里就是才子佳人的天堂。

大概淳熙十三年(1186)前后,姜夔赴湖南拜见时任潭州通判的诗人萧德藻并客居观政堂,和"二乔"这段注定不会有结果的恋情无疾而终。姜夔是在梅花盛开的季节离开的,后来又在相同的季节见观政堂梅花如椒如菽,或红破白露,枝影扶疏,不禁兴尽悲来,醉吟成调。一曲《一萼红》,重新将姜夔拉回往日的美好。

古城阴。有官梅几许,红萼未宜簪。池面冰胶,墙腰雪老,云意还又沉沉。翠藤共、闲穿径竹,渐笑语、惊起卧沙禽。野老林泉，故王台榭，呼唤登临。

南去北来何事？荡湘云楚水，目极伤心。朱户黏鸡，金盘簇燕，空叹时序侵寻。记曾共、西楼雅集，想垂杨、还袅万丝金。待得归鞍到时，只怕春深。

余晖渐渐褪去，每一道光线离他而去时都满是依恋惆怅，难舍难分。或许是多艰的遭遇催发了神思，又或是发觉无垠的时间洪流并不曾愈合他的伤口，他便用诗词的盾牌去对抗漫无期许的未来，抵挡呼啸而至的阴暗寂寞。来到潭州不久，姜夔与萧德藻的侄女成婚，此后他数次路过合肥，却很少再与"二乔"见面，更多的相逢还是在梦中，毕竟梦中不怕被人知晓，也就无人说三道四。他写了大量的怀念词，给这段透明的经历留下了几笔隐晦的色彩，真正让他指名道姓将故事和盘托出，他已不知如何开口。

## 三

结识萧德藻，是姜夔一生的福气。

萧德藻与陆游同出曾几[6]门下，杨万里称他文学甚古，气节甚高，将他与范成大、陆游、尤袤并称为"四诗翁"。那时的诗坛流派众多，如江西诗派[7]、江湖诗派、田园诗派[8]、理学诗派、爱国诗派等，诗风更是特色鲜明，范成大的清新、尤袤的平淡、陆游的敷腴、杨万里的自然，还有萧德藻的工致，均自成体系。

萧德藻与姜夔的父亲为同年进士，姜夔便以故人子身份前来拜见。萧德藻写了一辈子诗，很少夸奖后辈，可一见姜夔，态度却出奇地热情，说学诗数十年始得一友，还亲自做主，把侄女许配给了姜夔。

萧德藻的眼光实在够毒，南宋中期以来，豪放派在辛弃疾、陆游、张孝祥等人的支撑下辉煌依旧，婉约派自李清照离世后却出现了严重的倒退，早就没了那股子清新恬淡的意境和闲适优雅的风骨，词风变得软媚无骨，极度缺乏韵味。

不只婉约派，曾经如日中天的江西诗派，表现一样苍白，引以为傲的"点铁成金""夺胎换骨"的创作手法也被练得走火入魔，原本追求的字斟句酌、求新求变，现在却愈发干涩褊狭。

既非婉约派、豪放派，也非江西诗派的姜夔，却在仕途一片黯淡又四处漂泊的间歇，悄然融合了三大门派的精髓，开创了南宋规模最大、词家最多的格律词派[9]。

他一方面继承了婉约派宗师兼格律词派创始人周邦彦炼字琢句的技巧，另一方面又移诗法入词，借江西诗派的瘦硬精奇扫清日渐柔媚的婉约词风，顺带还用晚唐诗的绵邈风神化解了豪放词派粗犷偏激的流弊，最终达到了音韵精密、格调雅洁、重视音律、转实为虚的境界。

姜夔对格律词派的贡献,可以总结为三点:"清空",描写对象舍其外貌而重其神理,不做过多的实质描写,注重从侧面渲染或虚处暗示,承接转折处跳宕腾挪,使内容更加生动传神;"典雅",擅用联觉思维,加之艺术的通感,将不同的生理感受连缀在一起,捕捉灵气飘忽的心境,消除因情感不真造成的软媚无力;"音韵",自创新调,强调格律严密、音节谐婉,可在词前附上精美风趣的小序,追求词的音乐美和词人情感律动的高度和谐。

以一己之力将格律词派发扬光大的姜夔迅速被主流文坛接纳。

淳熙十四年(1187),萧德藻调任湖州,姜夔作为萧家的女婿,决定带着新婚妻子与萧家同行,并在湖州苕溪溪畔定居。

这次行程,姜夔收获满满,他一连结识了圈子里许多重量级人物。比如途经临安时,萧德藻把姜夔推荐给被公认为"一代诗宗"的杨万里。杨万里保持着一贯的谦谨求实的作风,从不以诗坛地位轻视晚辈,他本着互相学习、互相借鉴的态度,认认真真地鉴赏了姜夔的作品,还给出了很高的评价:为文无所不工,很有陆龟蒙[10]的味道。

临别时,杨万里写了首《进退格寄张功父、姜尧章》送给姜夔，以示期许。

> 尤萧范陆四诗翁，此后谁当第一功。
> 新拜南湖为上将，更差白石作先锋。
> 可怜公等俱痴绝，不见词人到老穷。
> 谢遣管城侬已晚，酒泉端欲乞移封。

文人之间的结交并不需要虚情假意，杨万里觉得姜夔实在过于优秀，又亲笔写信，把他推荐给另一位大诗人范成大。范成大不仅官至副宰相，还是田园诗派的代表人物，在政坛和文坛都有很强的影响力。

人生暮年，范成大归隐石湖，继续追寻向往的田园生活。这年冬天，姜夔应邀至范成大家中踏雪赏梅。酷爱梅花的姜夔遇到了久负盛名的梅痴，可谓情投意合。范成大的住所石湖玉雪坡原有梅树数百株，范成大后又买下周边七十余间旧舍，拆除后改种梅树，并斥巨资将江南能搜集到的梅花品种全部集齐，将这一片梅花盛放之处取名范村。

姜夔在偌大的梅林中住了一个月，主人的盛情，只能用新词来答谢。他兴致勃勃地亲自谱曲，填了两首绝妙的词。

一首《暗香》：

> 旧时月色，算几番照我，梅边吹笛。唤起玉人，

不管清寒与攀摘。何逊而今渐老，都忘却、春风词笔。但怪得、竹外疏花，香冷入瑶席。

江国，正寂寂。叹寄与路遥，夜雪初积。翠尊易泣，红萼无言耿相忆。长记曾携手处，千树压、西湖寒碧。又片片、吹尽也，几时见得？

一首《疏影》：

苔枝缀玉。有翠禽小小。枝上同宿。客里相逢，篱角黄昏，无言自倚修竹。昭君不惯胡沙远，但暗忆、江南江北。想佩环、月夜归来，化作此花幽独。

犹记深宫旧事，那人正睡里，飞近蛾绿。莫似春风，不管盈盈，早与安排金屋。还教一片随波去，又却怨、玉龙哀曲。等恁时、重觅幽香，已入小窗横幅。

获得情感经验的唯一办法，就是用青春去换。写景抒情的手法已臻化境的姜夔，亲身领教了世界是何等决绝冷漠，同时又明白社会也可以变得温存美好，一切都需要用情去感知。《暗香》《疏影》中，姜夔借梅花讲了两个凄美的故事，那是深藏在他心中最细腻、最柔情的部分。

第一个故事，是思念。昔日皎洁的月色曾多少次映照着我，梅花树下吹玉笛，笛声唤得佳人来，随我一道不顾清冷寒瑟，攀折梅花，情意绵绵。如今细细的皱纹已爬满我的眼角，往日春风般绚丽的辞章已全然忘记。想折枝梅花寄托相思，可叹路途遥远，只怕满地积雪遮断大地。我只好捧起翠玉酒杯，面对满树红梅默然无语，不禁洒下伤心的泪水。昔日折梅的佳人、携手游赏之地已然寻觅不得，唯有千株红梅盛放，却又被风吹得凋落无余，不知何时才能重见梅花的幽丽？

第二个故事，还是思念。苔梅的枝梢缀着梅花，如晶莹的美玉，两只翠鸟栖宿在梅花丛中。客旅他乡的我仿佛又在梅林深处看到她的倩影，在夕阳斜映篱笆的黄昏中斜倚翠竹。正如王昭君远嫁匈奴，一去紫台连朔漠，独留青冢向黄昏，总是不习惯草原的沙尘。我想她应该戴着叮咚佩环，趁月夜归来，化作梅花的一缕幽魂，缥缈、孤独。

以梅入诗的代表，当数北宋隐士林逋的那句"疏影横斜水清浅，暗香浮动月黄昏"，如今南宋的风流才子又一次用真挚的情感为梅填词。名士张炎曾评价："诗之赋梅，惟和靖一联而已。世非无诗，不能与之齐驱耳。词之赋梅，惟姜白石《暗香》《疏影》二曲，前无古人，后无来者，自立新意，真为绝唱。"[11]

可想而知，梅痴得到这两首妙词会是怎样的视如珍宝。据说姜夔即将离开范村时，仍沉浸在两首新曲中难以自拔的范成大无以为谢，用上了当时文人间最风雅的答谢方式：赠送佳人一位，将心爱的歌伎小红送给姜夔为妾。

## 四

连得杨万里、范成大盛赞，姜夔的名气越来越大，湖州城的许多达官显贵争相前来拜访，甚至连知名大儒朱熹都愿意亲自动身，前来结交姜夔。

姜夔在湖州一住十年，结交了众多文人骚客，也养成了不少奇怪癖好，比如平日遇清净山水，喜欢独自穿行赏玩，让人寻不着踪迹；再如酷爱在深夜或冬日寒风中大声吟诗，意气高亢，直冲云霄；又如厌倦于有客来访，选择在弁山苕溪的白石洞天偶尔隐居，还自号"白石道人"——尽管自己并不修道。

他迫切地要向世人证明，人不应是插在花瓶里供人欣赏的静物，而应是蔓延在草原上随风起舞的野草，如果需要，他随时可以筑起一道隔绝俗世的高墙，切断名利喧嚣与人情世故，接受或拒绝的权利，他要牢牢掌控在自己手中。

问题在于，他只是一介考不中进士的布衣，这些年来在生活上一直依靠着萧德藻。寄食于人这个困扰，他想也不愿想，更没有认真思考过人生是否还有其他出路，需不需要其他的谋生手段，即便自己娶了萧德藻的侄女，萧德藻又对自己恩重如山，可萧德藻并非他的生父，不可能一辈子任由他无限制"啃老"，再深厚的情谊也终有结束的那一天。

宋宁宗庆元二年（1196），萧德藻致仕，然后被侄子接回老家池阳。这一回，姜夔不能跟着去了。

孤独是一种可怕的病，生存又是强加在孤独之上的重担。萧德藻走后，姜夔出神地望着水墨画般模糊的雨，闭合的窗户上斜落下一道道雨滴连成的虚线，他明白，漫长的黑夜是别想睡着了。

他只会填词谱曲、写诗作画，既无官身，又无养家糊口的本领，万般纠结之下，他又掏出了不久前好友张鉴给他寄来的一封信，大意为：三年前与君结识，一直希望能与你促膝长谈，你知道我本人酷爱文学，可惜身边一直没有真正的诗词大家相伴，你姜白石声名远扬，我有个不情之请，不知你能否屈驾来临安居住，也让我能与你时时相聚，不失为人生一大乐事！

张鉴的身价，姜夔是知道的。原本姜夔还在为到底要不要寄人篱下矛盾着，张鉴却替他做好了选择。既然有人主动要求，那何乐而不为呢？

事实证明，姜夔来对了。定居临安后，姜夔得益于张鉴的诸多照应，在寸土寸金、物价极高的临安也能生活得怡然自乐。

这段友谊本质上属于主人与宾客的关系，但张鉴从未将姜夔视为下属或食客，不仅帮姜夔觅得一处居所，还时时承包姜夔衣食住行的所有花销。作为受惠方，姜夔自然乐于将此视为不计成本也不计得失的情谊。

姜夔的日常工作，就是陪张鉴填词作诗、饮酒取乐。他时常出入张府，这是当年高宗亲自为清河郡王张俊选址建造的一处高规格府邸，地址位于清河坊。绍兴二十一年（1151），高宗前往张俊家中做客，张俊不惜斥重金将全临安最有名的厨师二十八人全部请到府中，做成正菜三十道、副菜二十八道的"天下第一宴"。

挚友做伴，生活无忧，姜夔索性把心中最后一丝现实感也丢在了九霄云外，干脆彻底抛开了所有关于独立生存的挣扎，让自己完全沉浸在这如梦如幻、满天星光的夜空中。倘若他突然睁开眼睛，准会发现自己正处于一片由想象力构思出来的乐土上，在跟一个愉快的幽灵翩翩起舞。

追随在张鉴身边，姜夔的生活质量自然是不会差的。

宋室南渡伴随北食南迁，东京汴梁诸多名厨名吃随南迁百姓传至江南，极大丰富了南方饮食结构，如王楼梅花包子、曹婆肉饼、薛家羊饭、梅家鹅鸭、曹家从食、徐家瓠羹、郑家油饼、段家爊物等等。当然最驰名的小吃还是非宋五嫂鱼羹莫属。

偶获太上皇赵构垂青前，宋五嫂鱼羹只是西湖边一处小有名气的饭馆，饭馆虽不乏食客，然大都属于市井百姓，根本吸引不来豪门权贵的光临。偌大的临安城商户林立，个体实在过于渺小，可一旦得遇贵人推荐，关注度必然暴涨。店犹如此，人又何尝不是？

当张鉴听说姜夔早年间屡试不中，甚至准备出钱替姜夔买官。这种简单粗暴的行径，姜夔是不会答应的，人生已至中年，他还是想凭借自己的努力，弥补最大的遗憾。

经过一段时间的酝酿，姜夔决定效仿当年周邦彦向神宗皇帝献《汴都赋》而入朝为臣的成功案例，走这条终南捷径。

姜夔给朝廷献上自己精心写成的《大乐议》和《琴瑟考古图》，在文中指出宫廷音乐存在的不足及改进措施，希望重振庙堂雅乐，毕竟礼乐是社稷的根本，还提出为大宋列祖制作赞颂曲。这等拳拳报国之心官家倒是相当认可，降旨让太常寺具体负责，结果太常寺郑重其事地邀请姜夔列席会议，却闹出了一个尴尬的笑话。

太常寺卿先是在一干下属面前盛赞姜夔出身白衣，却通晓庙堂礼乐，如此贤才流落民间实在可惜，絮叨了许久，又突然让乐师抬出了一个十分罕见的上古大乐器，请姜夔指教。

姜夔对着乐器看了半天，居然不知此物究竟是何名称，引得在座官员哄堂大笑："居然连锦瑟都不认得，还谈什么振兴礼乐！"

很难想象精通乐律的姜夔会不认得锦瑟，实际上，这只是一个陷阱，有才学的布衣遇到了一群嫉贤妒能、尸位素餐的官员，他们是不允许姜夔在礼乐领域做出成绩的。太常寺卿的陷阱设置得那么有分寸，表面上那么得体，出现又那么适时，让姜夔整整花了两年的时间才从尴尬中走了出来。

庆元五年（1199），重整旗鼓的姜夔再给朝廷献上《圣宋铙歌鼓吹十二章》，这一次官家给了他一个顶好的机会，破格让其直接参加礼部试，可多年以来姜夔连级别较低的发解试都考不过，如今又是多年不碰科考试题，与杀出重围的一干饱学之士同场竞技，显然是难以通过的。

姜夔人生中最后一次尝试入仕的机会也遗憾失去了，从此他彻底厌倦了这虚无缥缈的追求，断绝了入仕的念头，安心住在临安，无忧无虑地填词谱曲、享受生活。

## 五

嘉泰二年（1202），张鉴驾鹤西去。这一年，姜夔四十八岁。

相处十年，生离死别，姜夔选择在《姜尧章自叙》中为挚友留下最真挚的纪念：

> 嗟乎！四海之内，知己者不为少矣，而未有能振之于窭困无聊之地者。旧所依倚，唯有张兄平甫，其人甚贤。十年相处，情甚骨肉。而某亦竭诚尽力，忧乐同念。平甫念其困踬场屋，至欲输资以拜爵，某辞谢不愿；又欲割锡山之膏腴以养其山林无用之

身。惜乎平甫下世，今悯悯然若有所失。人生百年有几，宾主如某与平甫者复有几，抚事感慨，不能为怀。

在萧德藻、杨万里、范成大、张鉴及其他曾经帮助过姜夔的人眼中，姜白石恰似一块玲珑通透的璞玉，才学满腹、品位高雅、节操清纯、性情纯良，他们乐于结交，更乐于无偿提供必要的援助。

多年间，姜夔结识了那么多高官贵胄、文坛巨擘，若想钻营投机，放弃尊严丢掉脸面搏一搏仕途，绝对能有所突破，估计也不会遭受太多非议和讥讽，可他却没有在能够逆境破局时给自己留下一条理想的退路。他实在活得纠结，活得不那么痛快。

那些尚未显露出来的隐患永远不会消失，它们只是被埋藏起来，然后在适当的时机以另一种方式呈现。临安的那场大火，不仅烧掉了姜夔辛苦经营的生活，更烧掉了他对人生最后的期待。

在他面前，黑暗的深渊终于张开巨口，眼前只是虚无，耳边只是沉寂，眼神中浮现出的黯淡是他自己都不曾见过的，孤独、走投无路、在特定的场景下尘封一切的黯淡。

闲暇时分，姜夔常到马塍的田野中漫无目的地走着，在夕阳下，在黄昏里，漠然看着周围的一切，他再无凄美的故事需要叙述，再无入仕的抱负需要追寻，再无真挚的情感需要抒发，一切都沉寂下来了，像尘埃落定、板上钉钉。疼痛慢慢减轻了，不再像当年那样钻心刺骨了，也不再需要温言暖语温暖它了，但伤疤永远留在了体内，偶尔还在挤迫、钻刺着他的神经，动作虽没那么剧烈，却依然提醒着他往事已矣，美好再难追寻。

嘉定十四年（1221），漂泊一生的姜夔走到了生命的尽头，别说为儿孙留下遗产，就连丧葬费还要靠曾经的朋友众筹，才勉强安葬在钱塘门外的西马塍，随葬品仅有一册乐谱、一张琴、一柄剑和一本《兰亭序》。

南宋主流圈子里，围绕"是战是和"，有两种截然不同的声音。要么像辛弃疾、陆游那样为收复河山慷慨激昂、高声呐喊；要么像秦桧、汤思退那样为偏安一隅鼓吹稳定、屈膝求和。而姜夔属于第三类——真正不问世事的落魄人士，喃喃自语地唱着自怨自艾的悲歌。

作为格律词派的领袖，无论生前还是身后，业界对姜夔的评价都极高，给他戴上了许多金光灿灿的王冠，比如"词中之圣""南宋唯一开山师""词中有白石，犹文中之有昌黎（韩愈）""如盛唐之有李杜"。后人评价他"写被兵之地寂寞无人，鲍照之赋，杜陵之诗，亦不是过"[12]。

姜夔有《诗说》一卷,讲章法:作大篇,尤当布置,首尾匀停,腰腹肥满;讲句法:意格欲高,句法欲响;讲句意:句意欲深、欲远,句调欲清、欲古、欲和;论诗又有四大要素:气象、体面、血脉、韵度,对四者的要求格外严格,"气象欲其浑厚""体面欲其宏大""血脉欲其贯通""韵度欲其飘逸"。他对诗词曲谱的研究是那么透彻,每条每例都讲得清清楚楚,如果人生也能规划得如此严谨藻密、丝丝入扣,想必他就不会留下那么多遗憾和落寞。但正因在现实里不停挣扎、陷入泥淖,他才能在词中自由腾飞、脱胎换骨,在想象的美好世界里举重若轻,纵然生活打得他丢盔弃甲,但总归还是没能让他丢下那一份人性的骄傲,他知道再也回不到过去,那些好时光,总该被宝贝,因为有限。

姜夔的人生,没那么跌宕起伏、大开大阖,更谈不上怀才不遇、壮志难酬,他不是辛弃疾、陆游这般英雄虎胆必欲成就一番大事业的人,也不是朱熹、杨万里这种看遍人生的残山剩水依然活得热气腾腾的人。他在辞章曲谱里翻来覆去,逐一拆解再重新组合,自以为得到充分的乐趣,直到生存的铡刀一刀刀砍开皮肉,砍得肢体鲜血淋漓,他才终于认识到自己并不比随风摇摆的野草更强大。

姜夔就是这么纠结又矛盾地活着,刻意中带着洒脱,随性中又满满用力,他结交贵族又不愿趋炎附势,性格清高却又不得不寄人篱下，骨子里很骄傲，内心又太脆弱，本能在追求，却无法进入，他学不会在快乐的时候未雨绸缪，更无法在困难的时候找到出路。

其实，生活偶尔会因为环境的变化而突然变得顺风顺水，也会因为某个人的到来而带给你一片崭新的天地。如果这种改变持续得够久，你就能唱着小曲、喝着小酒，安然享受生活；当这种改变戛然而止时，你大概也会像失去张鉴的姜夔那样，颠沛流离，黯然悲歌。到那时，悲歌唱得再动听、再感人，也是毫无意义的，因为，悲歌者必然像歌中唱得一样悲哀。

### 注释

[1] 五德延续：历代王朝按"金木水火土"五行相克或相生的次序交互更替，金德尚白、木德尚青、水德尚黑、火德尚红、土德尚黄。

[2] 行都：又称行在，即在首都之外另设一个都城，以备政府暂驻。绍兴元年（1131）赵构升杭州为临安府，八年后正式定为行都。

[3] 据吴自牧《梦梁录·防隅巡警》记载：如遇烟燧救扑，帅臣出于地分，带行府治内六队救扑。将佐军兵及帐前四队、亲兵队、搭材队，一并听号令救扑，并力扑灭，支给犒赏；若不竭力，定依军法治罪。

[4] 参见陈郁《藏一话腴》。

[5] 参见张羽《白石道人传》。

[6]曾几：字吉甫，江西诗派代表人物，历任江西、浙西提刑，秘书少监，礼部侍郎，学识渊博，其诗闲雅清淡，气韵舒畅。

[7]江西诗派：以北宋黄庭坚为创始人，崇尚"点铁成金、夺胎换骨"，好用僻典，炼生词，押险韵，制拗句，讲究语言韵律，是中国文学史上第一个有正式名称的诗文派别。

[8]田园诗派：南宋中期以来涌现出大量以农民生活和田园风土人情为题材，或感慨稼穑苦、或歌颂田园乐的作品，代表人物如范成大、杨万里、陆游等。

[9]格律词派：起源于唐末五代花间派，又称姜夔词派、风雅词派，音韵精密、格调雅洁、笔力清健，追求字炼句琢及用典、用事以达到自然、工整的艺术境界。

[10]陆龟蒙：唐朝诗人、农学家，其诗奇峭，尤其以小品文独树一帜，擅长讥讽世事。

[11]参见张炎《词源》。

[12]参见陈匪石《白雨斋词话·宋词举》。

# 文天祥 何为圣贤

一

元至元十九年十二月初九（1283年1月9日），身陷囹圄的文天祥终于熬到了慷慨就义的日子。

这一日，京城戒严，如临大敌。负责行刑的监斩官奉命率领护从及乐队来到兵马司监狱，金鼓齐鸣，其声悲壮。文天祥知道大限已至，让狱卒替他摘下儒巾，戴上刑具随监斩官奔赴刑场。

这一日，狂风怒号，日色无光。刑场上，监斩官仍在试探性地询问："丞相还有什么话说？皇帝有旨回奏尚可免死。"文天祥却转头向刽子手问道："哪边是南方？"刽子手讶异地伸手一指，文天祥随即面南而拜："吾事了矣！"遂从容赴死。

这一日，大元当局通知沦为宫奴的文天祥结发妻子欧阳氏前来收尸，在更换丈夫的贴身衣物准备入殓安葬时，欧阳氏发现了衣服夹层里的遗书。遗书写得很短：

> 吾位居相位，不能救社稷，正天下，军败国辱，为囚虏，其当死久矣。顷被执以来，欲引决而无间，今天与之机，谨南向百拜以死。其赞曰：孔曰成仁，孟云取义，惟其义尽，所以仁至。读圣贤书，所学何事？而今而后，庶几无愧！

这封遗书是前一年春天写好的，那时文天祥就已经做好了随时就义的准备，于他而言，死亡不是失去了生命，而是走出了时间的煎熬。行刑后几日，忽必烈仍下令紧闭城门，甲卒日夜登城巡视，对邻不得往来，行不得偶语。一个被囚禁三年多的亡国宰相，仍然在全天下汉人心中享有崇高的声望，尽管身死魂销，但那股神圣而悲壮的浩然之气仍然横亘在汉、蒙之间经久不散，让人每每诵读这长达三百字的《正气歌》，都忍不住椎心泣血、有泪如倾。

> 天地有正气，杂然赋流形。下则为河岳，上则为日星。
> 于人曰浩然，沛乎塞苍冥。皇路当清夷，含和吐明庭。
> 时穷节乃见，一一垂丹青。在齐太史简，在晋董狐笔。
> 在秦张良椎，在汉苏武节。为严将军头，为嵇侍中血。
> 为张睢阳齿，为颜常山舌。或为辽东帽，清操厉冰雪。

或为出师表，鬼神泣壮烈。或为渡江楫，慷慨吞胡羯。
或为击贼笏，逆竖头破裂。是气所磅礴，凛烈万古存。
当其贯日月，生死安足论。地维赖以立，天柱赖以尊。
三纲实系命，道义为之根。嗟予遘阳九，隶也实不力。
楚囚缨其冠，传车送穷北。鼎镬甘如饴，求之不可得。
阴房阒鬼火，春院闷天黑。牛骥同一皂，鸡栖凤凰食。
一朝蒙雾露，分作沟中瘠。如此再寒暑，百沴自辟易。
嗟哉沮洳场，为我安乐国。岂有他缪巧，阴阳不能贼。
顾此耿耿在，仰视浮云白。悠悠我心悲，苍天曷有极。
哲人日已远，典刑在夙昔。风檐展书读，古道照颜色。

千古兴亡事，总会遗落在历史的洪流中，听故事的人，最终会成为故事里的人。唯有九死无悔、浩然荡于古今的凛凛正气，依旧在是非成败里惯看秋月春风。

宋理宗宝祐四年（1256）殿试日前夜，文天祥躺在床上辗转反侧，难以成眠，连日来呕吐、腹泻弄得他浑身乏力，胃里翻江倒海。他很后悔在临安各大驰名小吃店大快朵颐，以致吃坏了肚子，圣人说：士不可以不弘毅，任重而道远，仁以为己任，不亦重乎？连口舌之欲都克服不了，日后怎能成大事呢？

好不容易挨到天明，文天祥勉强喝了碗素粥，草草吃了几口炊饼，便匆匆走进了集英殿。一夜没睡，头昏脑涨，恍恍惚惚间听到主考官公布"天道人极"的策论试题，他那原本忐忑的心情瞬间平静了下来。对很早就接受科考艰苦训练[1]的文天祥来说，题目难度实在不大，信心足，状态来得又快，甚至连身体的疲惫都暂时扔到了九霄云外。文天祥运笔如飞，思如泉涌，将近万字的策论一气呵成，仅仅半日便交卷了。

洋洋洒洒的锦绣文章，从"法天不息"起篇，以"为陛下献"收尾，大气磅礴，字字铿锵，很难想象此等雄文竟出自二十岁的青年之手，主考官盛赞其文"古谊若龟鉴，忠肝如铁石"，理宗看后更是感慨"此天之祥，宋之瑞也"，亲手从六百零一名考生中将文天祥拔擢为状元。

文章，经国之大业，不朽之盛事。作为南宋历史上第二年轻的状元（仅次于十八岁的汪应辰），原名云孙、字从龙的天之骄子当即改名天祥，字宋瑞。[2]

按照惯例，唱名仪式结束后便是无比荣耀的游街，新科进士们身着绿袍，披红戴花，骑高头大马出东华门，从十里御街至期集所[3]，游行队伍所到之处，百姓观者如云，喝彩声不绝于耳。文天祥昂首走在队伍最前列，意气风发，仪表堂堂，甚至连惜字如金的官修正史《宋史》都不吝用了十七个字来描述他的颜值："体貌丰伟，美晳如玉，秀眉而长目，顾盼烨然。"

才华颜值双双出彩，学识相貌都与状元的头衔完美匹配，作为万众瞩目的焦点人物，文天祥自知振兴社稷的时代重任已悄然落在了肩头。幼蒙家庭之训，长读圣贤之书，多年间徜徉书海的文天祥给自己取了一个极见期许的别号：文山。十岁那年，他来到庐陵学宫参观，见学宫所祀乡先生欧阳修、杨邦乂、胡铨像皆谥"忠"，即欣然慕之，曰："若不名列其间，非丈夫也。"

三人之中，尤以杨邦乂最是慷慨。建炎三年（1129），金军攻占建康府，面对完颜宗弼的劝降，杨邦乂用血在衣服上写下：宁作赵氏鬼，不为他邦臣。其性格之壮烈不禁让完颜宗弼动容，承诺让他官复原职，杨邦乂却用头猛撞堂柱，血流满面，厉声痛骂："世岂有不畏死而可以利动者，速杀我！"终不屈被害，谥曰"忠襄"。

这像是一面旗帜，深深插入文天祥精神的沃土，刚正不阿直笔记史的董狐（晋）、北海牧羊的苏武（西汉）、安贫乐道的管宁（东汉）、鞠躬尽瘁的诸葛亮（三国）、宁肯断头决不投降的严颜（三国）、中流击楫的祖逖（东晋）、裂眦嚼齿死守睢阳的张巡（唐）、痛骂安禄山被钩舌而死的颜杲卿（唐）……许许多多在青史中闪闪发光的名字，日后都将在那篇《正气歌》中一一展现。

他为自己选定的道路，以及他性格中所具有的自觉精神和特别强劲的奋进力量，都让他提前做足了准备，立大志、干大事、成大功，努力追上那个曾经被寄予厚望的自己。

## 二

从殿试唱名至授官拜职，中间还有为期一个月的庆典活动，那是新科进士们入仕前夕最后的自由时光，一入宦海，时时刻刻便要想着忠君爱国、勤政为民。与一般进士相比，状元郎的档期排得最满，进谢恩诗、拜座师、接受宴请、结交同侪……但文天祥还未来得及充分享受这忙碌且欢喜的荣耀时刻，陪同自己前来临安应试的父亲便突染重疾而逝，匆匆向吏部汇报实情后，文天祥怀着大起大落的心情护送父亲的灵柩返回家乡庐陵，并守孝三年。

宝祐六年（1258），守孝期满的文天祥受任签书宁海军节度判官厅公事，这是状元郎的固定配置，起步更高，进步更快。

可惜时代的战火并没有留给文天祥太多官场试炼的机会，一年后蒙哥汗三路侵宋，朝廷唯一倚仗的长江天险，曾经多次让金人铩羽而归的长江天险，被蒙军前锋忽必烈部突破。前线急报如雪花般飘进临安，朝廷大恐，而应对此类困境的办法，似乎早在高宗时代就已确立。当理宗最宠信的宦官、绰号"活阎罗"的董宋臣急催理宗迁都四明（今浙江宁波）避难时，满朝文武个个三缄其口、噤若寒蝉。

但文天祥站了出来,像当年胡铨请斩秦桧[4]那样怒斥奸宦当国,请斩董宋臣以谢天下！这是文天祥第一次显露血性和刚勇,可他哪里知道,董宋臣不仅是理宗的贴身心腹,更擅于敛财,为理宗建芙蓉阁、香兰亭,进倡优傀儡以奉燕游,岂是文天祥所能比拟的。

很快,文天祥改任镇南军签判。宁海军近在临安,而镇南军远在江西,虽同是签判官,分量却判若云泥,这明显带有惩罚警示的意味,必欲将其排挤出朝。文天祥坚决不愿赴任,自请去做祠禄官(使任宫观,以食其禄)。

其间,豁达豪爽、爱结交江湖朋友的文天祥时常约上一干朋友夜夜笙歌。二十五岁的他尚未深刻感知到社稷无望,邦有道则仕,邦无道则隐,是进亦忧、退亦忧,不如暂且纵情高歌,以乐其志。

景定四年(1263),朝廷似乎想起了这位郁郁不得志的状元,起用其为瑞州知州。瑞州地处江西,先前遭受蒙军劫掠几成废墟,正是国势颓败的集中体现。站在城头,满目一片萧瑟凄清,文天祥的思绪又飞回临安,满朝文武外不能抵御异族入侵,内不能救济哀哀贫民,何谈重振社稷、振兴朝邦?

任何圣贤之道都不如亲身站在历史的潮头、亲耳倾听时代的呼唤更加深刻,文天祥终究还是放不下致君尧舜的理想,他决定以理想化人格为官处事,以自拔于流俗,哪怕碰得头破血流。

在瑞州任职一年多，文天祥大力推行宽惠政策，筹建"便民库"，供百姓借贷和救济之用，同时修复被蒙军毁坏的名胜古迹，如杨万里故居碧落堂、奉祀余靖等先贤的三贤堂，很快使瑞州百废俱兴、政通人和。

此后数年间，文天祥辗转出任江西提刑、宁国知府，宋度宗咸淳六年（1270）奉诏还京，继任军器监、崇政殿说书，时年三十四岁。少年得志的状元郎仕途并不顺遂，若能"迷途知返"，把握住这个时常为官家讲解经史的机会，想必可以得到进一步拔擢，但文天祥偏偏不去考虑职务晋升，反而趁机借题发挥，触及时事，规劝官家远离奸佞、重用人才。

文天祥一心希望官家能像齐威王那样不鸣则已、一鸣惊人，怎奈度宗昏聩不堪、沉湎酒色。文天祥因讽谏过激得罪了权臣贾似道，被罢黜一切职务，黯然返乡。

此番罢官后，文天祥着手在家乡修筑别业，还给自己取了一个绰号：浮休道人。浮休，取自《庄子》"其生若浮，其死若休"。他又给两个刚出生的儿子起名道生、佛生。他终日寄情山水，穷幽极胜，乐而忘疲；他千百次地赌咒发誓要改变自己，真正活得像个不问世事的隐士，但这终究只是徒劳。咸淳九年（1273），一纸湖南提刑的起复诏书再次将文天祥拉回官场，不过他还是欣然接受了。

> 淡烟枫叶路，细雨蓼花时。
> 宿雁半江画，寒蛩四壁诗。
> 少年成老大，吾道付逶迟。
> 终有剑心在，闻鸡坐欲驰。

在百无聊赖的琐碎中，日复一日地保持自我警醒，困难得不可想象。白天他竖起与世隔绝的壁垒，那是在悠长的赋闲岁月里慢慢建造起来的，只是到了难眠的深夜，枯坐书案的文天祥不得不承认，蹉跎岁月也好，壮志难酬也罢，他永远不会是采菊东篱、种豆南山的陶渊明，而是中流击楫、誓复中原的祖逖。

1271年，忽必烈改国号为元，随即迁都大都（今北京），日益加紧对南宋的征伐。先辈精心构筑的两淮（东）、荆襄（中）、川陕（西）纵深防御线，已基本被元军搅得七零八落，特别是荆襄之地的沦陷，切断了三线防御的大动脉，元军得以随时顺汉水、长江而下，完成对临安的战略合围。

从庐陵前往湖南任职途中，文天祥特意前去拜见湖南安抚使、潭州知州江万里。这一年，江万里七十六岁。国势垂危、风雨飘摇，江万里与文天祥一边饮茶，一边畅谈天下大势。临别之际，佝偻苍老的江万里望着气宇轩昂的晚辈，语重心长地勉励道："我老了，不能为国家做事了。观天时人事，当有剧变。老夫一生为官，阅人无数，能匡正社稷、担当重任者，唯你一人！"

紧紧握着江万里如朽木般苍老而颤抖的手，文天祥忽然热泪盈眶。他已渐入中年，至少不能再说自己年轻了，但他从来不怕得罪权幸，更不怕辛劳国事，士大夫的担当就在这里，忧国忧民的志向就在这里。与其退居江湖了却余生，文天祥更希望穷尽一生对社稷、对百姓产生正向的增益，不会因虚度年华而悔恨，也不会因碌碌无为而羞耻，他的幸福将属于千百万人，等他百年之后，人们自然会意识到，一个非常杰出的人物曾经活在他们中间，面对他的骸骨，高尚的人会洒下热泪。

## 三

咸淳十年（1274），度宗病死，年仅四岁的赵㬎即位，是为恭帝。年底，元丞相伯颜亲率二十万大军兵分三路向临安杀奔而来。

次年正月，时任赣州知州的文天祥接到朝廷专旨，命他"疾速起发勤王义士，前赴行在"。文天祥毫不迟疑，传檄诸路并散尽家财，招募部众两万余，开启了一生中最高亢悲壮的事业。

可惜国难当头，像文天祥这样毁家纾难的忠臣实在太少了，各地文武将官面对相同内容的勤王诏令只是冷漠观望，静观时局变化。多数人心中早已认定社稷必不可保，保存实力只为日后投降元军争取足够多的回报。就连文天祥的友人都不同意他只身犯险："元军兵分三路进攻，破郊畿，薄内地，势不可当，你这万余乌合之众，好比群羊之斗猛虎，只会白白丢掉性命。"

文天祥答道："你说的这些我何尝不明白。但国家养育臣子三百余年，一旦有急，征天下兵，无一人一骑应召，我万分沉痛，故不自量力，以身赴难，希望天下忠臣义士能闻风而起，义胜者谋立，人众者功济，如此则社稷犹可保也。"

那段日子，每与宾佐谈论时事，文天祥未尝不泪流满面。乐人之乐者忧人之忧，食人之食者死人之事，文天祥此前从来没拿过刀剑、穿过盔甲，却已然做好了以身殉国的准备。

元军攻占平江后，分兵攻打吉州、嘉兴，迅速逼近临安。入卫临安的文天祥受任签书枢密院事，同张世杰、江万载等将领联名上疏，愿与元军决一死战。右丞相陈宜中却力主向元军纳贡求和，但势必灭亡南宋的元军自然不会答应，见求和不成，陈宜中又建议迁都。很快，元军攻占距离临安不远的皋亭山，眼看临安不保，陈宜中等大批官员纷纷逃跑，谢太后召集群臣议事，前来参会的官员只有六人。临危受命接任右丞相的文天祥请求太后与恭帝入海避祸，以吉王赵昰、信王赵昺分驻闽广，以备长久抗战。

但谢太后只是将吉、信二王派出，自己绝不愿南逃，而是下定决心与恭帝留在临安牵制元军，为吉、信二王复国争取时间，总揽政务、军务的文天祥自然也不会走，而是以右丞相兼枢密使的身份，主动请缨亲赴敌营与元丞相伯颜谈判。

一个是即将亡国的丞相，一个是气焰嚣张的丞相，在这场实力极端不对等、毫无讨价还价余地的谈判中，文天祥却以舍身饲虎的大无畏精神，痛斥元军兴不义之师，早晚要遭天谴。

伯颜打仗很猛，嘴皮子却不利索，在谈判桌上被文天祥批判得一脑门子汗，他实在没想到亡国之臣尚有如此凌厉的气势，好几次忍不住想要拔剑，但最终还是做出了一个明智的选择——把文天祥扣押在营中，随即部署对临安的总攻。

城破之前，谢太后为免城中百姓遭元军屠杀，亲自抱着恭帝出城向伯颜投降。从赵匡胤黄袍加身至赵构建炎中兴，绵延三百余年的两宋王朝基本宣告灭亡。

被押赴大都的途中，文天祥暗中藏了一把匕首，以备必要时自刎。但上苍似乎故意给他留了一线生机，好继续演绎那慷慨激昂的爱国故事，镇江逗留期间，文天祥趁守卫懈怠之际，侥幸逃出囹圄。

从脱逃一直到三月初一抵达真州，他以《脱京口》为总标题，用《定计难》《谋人难》《踏路难》《得船难》《绐北难》

《定变难》《出门难》《出巷难》《出隘难》《候船难》《上江难》《得风难》《望城难》《上岸难》《入城难》十五首小诗记述了这段九死一生的逃亡经历。

在镇江,文天祥与杜浒、余元庆等人密谋出逃,鉴于元军对杜浒等人看守松散,杜浒便秘密找了些帮手,并通过一名养马的汉军老兵找了条避开元军关卡、前往江边的小路,余元庆则托人觅得小船。为保险起见,众人决定在二十九日晚分批行动。当晚,文天祥将监视他的千户官灌醉,与众人换了番服,避开元军的宵禁,悄悄从城北市井尽头的缺口逃出镇江。出城后,他们按照约定来到江边的甘露寺集合,却不见等候的船只,急得余元庆跳入江中游了一二里才把船找到。船行至七里江,不巧遇到了元军的巡逻船,所幸江水落潮,巡逻船行动不便,这才勉强逃过稽查,最终平安抵达真州。

面对城中宋军的质问,随行之人大声回答:"文丞相从镇江走脱,前来投奔!"众人闻讯,欢喜若狂,纷纷出城迎接。迎着欢呼的人群,文天祥百感交集,在《真州杂赋》开头的小序中以简练的文笔写道:"一入真州,忽见中国衣冠,如流浪人乍归故乡,不意重睹天日至此。"

绝处逢生后的记述往往如流水账般波澜不惊,甚至有些索然无味,不论当事人身处险境时如何惊心动魄,也无法再用笔墨描绘出彼时彼刻那种虎口余生的惊魂未定。

整个逃亡过程中，文天祥不止一次掏出那把匕首，随时准备自刎，而抵达真州仅是千里南返的第一步。元军很快布告天下，诬陷文天祥已归降，南返是为元军赚城取地。一路上，文天祥屡受猜忌，数次险遭宋军误杀。后来撰写《指南录》时，文天祥特意又把这段惊心动魄的经历一一在后序中呈现。

呜呼！予之及于死者，不知其几矣。诋大酋当死；骂逆贼当死；与贵酋处二十日，争曲直，屡当死；去京口，挟匕首以备不测，几自刭死；经北舰十余里，为巡船所物色，几从鱼腹死；真州逐之城门外，几彷徨死；如扬州，过瓜洲扬子桥，竟使遇哨，无不死；扬州城下，进退不由，殆例送死；坐桂公塘土围中，骑数千过其门，几落贼手死；贾家庄几为巡徼所陵迫死；夜趋高邮，迷失道，几陷死；质明避哨竹林中，逻者数十骑，几无所逃死；至高邮，制府檄下，几以捕系死；行城子河，出入乱尸中，舟与哨相后先，几邂逅死；至海陵，如高沙，常恐无辜死；道海安、如皋，凡三百里，北与寇往来其间，无日而非可死；至通州，几以不纳死；以小舟涉鲸波，出无可奈何，而死固付之度外矣！呜呼，死生昼夜事也。死而死矣，而境界危恶，层见错出，非人世所堪。痛定思痛，痛何如哉！

在死亡阴影的笼罩下，个人是那么渺小且无力。一路凶险，当死者共计十八次之多！当真是非常人所能承受，可他还是挺了过来。从扬子江南下寻找朝廷途中，他写下"臣心一片磁针石，不指南方不肯休"（《扬子江》），那是万水千山的近和咫尺天涯的远，有时他模糊地意识到生存的绝望，却又坚信心灵深处埋藏着一团熊熊燃烧的烈火，尽管他像个盲人一样在恐怖的深渊四处摸索，却依然能从中看到曾经照耀过大宋山川江海的日月，那是家的方向！

## 四

景炎元年（1276）五月一日，陈宜中、陆秀夫、张世杰等在福州拥立赵昰为帝，是为端宗。五月末，文天祥辗转来到福州，继续担任右丞相兼枢密使，都督诸路军马，与江万载一明一暗，江万载在朝中出谋划策，文天祥在前线抵挡元军。

然而，风雨飘摇的南方小朝廷仍免不了内部倾轧。临安失陷前逃跑的右丞相陈宜中与张世杰纠结在一起，排挤江万载和文天祥，文天祥只得自请离朝，前往南剑州另建督府。

十月，江万载命文天祥出兵汀州，因作战不利，江万载等人被迫逃离福州，护送端宗登舟入海。文天祥则率残部退至龙岩、梅州一带，后续空坑之战中，文天祥一妻二妾、一子二女皆被元军俘虏。

祥兴元年（1278），颠沛流离的端宗病死，六岁的赵昺即位。同年，转战至五坡岭的文天祥遭叛徒出卖，被元军擒获，混乱之际，他吞服龙脑香自尽未果，被押送至元将张弘范军营。

这位元军主将一样希望能劝服文天祥归顺朝廷，便带着他逼近大宋王朝最后的根据地——崖山。

乘船渡过零丁洋时，张弘范希望文天祥能修书一封，劝说陆秀夫不要再负隅顽抗，文天祥却冷冷拒绝："我不能保卫朝廷，难道还能教别人背叛朝廷吗！"

逼近崖山时，张弘范仍不死心，又来索要劝降信，文天祥便含泪给张弘范递上那首千古绝唱《过零丁洋》。

> 辛苦遭逢起一经，干戈寥落四周星。
> 山河破碎风飘絮，身世浮沉雨打萍。
> 惶恐滩头说惶恐，零丁洋里叹零丁。
> 人生自古谁无死？留取丹心照汗青。

张弘范看后不禁感慨："丞相是好人，所写是好诗。"他终于不再催逼了，但比劝降更残忍的是，文天祥目睹了国家灭亡的整个过程。

护卫赵昺的左丞相陆秀夫自知退无可退，唯恐突围不成被元军擒获，便换上朝服，面向赵昺奏道："国事一败涂地，陛下当为国殉身。先帝（恭帝）临安城破时被掳北上，已使社稷蒙尘，陛下万万不可再重蹈覆辙了！"说罢便将国玺系在腰间，背起赵昺跃入大海，顷刻间沉没得无影无踪。

张世杰率残部突围至海陵山脚下，听闻赵昺投海，绝望地对部下说："一君身亡，复立一君，如今又亡，我在崖山没有殉身，是望元军退后，再立新君，然社稷已难复兴，难道这是天要灭我大宋吗！"言罢堕身入海，大宋王朝就此永远灭亡了。

宋末三杰，两人殉国，只剩被囚的文天祥肝肠寸断。崖山海战后，在元军的庆功宴上，张弘范再次对文天祥实施劝降："你的国家灭亡了，作为丞相，你的忠义也尽到了。人最可贵的品质就是应天顺时，倘若丞相能转变立场，像侍奉宋朝皇帝那样侍奉我大元皇帝陛下，想必一样能保住丞相的地位。"

文天祥喟然叹曰："国亡不能救，作为臣子已是死有余辜，难道还能贪生怕死、背叛国家吗！"

接下来便是长途跋涉的押送，远在大都的忽必烈并不想杀文天祥，他对这位百折不挠的亡国丞相具有相当大的探索兴趣。

元至元十六年（1279）十月，文天祥被押解至大都。从广州崖山上路时还是春夏之交，抵达大都时已至深秋，寒风剥夺了枯枝上的最后一片残叶，连同那些大悲大恸的经历，无情地在冰冷的大地上飘飞。

途经家乡庐陵时,当年追随他起兵勤王的本地人王炎午听说文丞相到来,便在囚车必经之路张贴了许多张《生祭文丞相文》,每一张祭文都像一道催命符,催促文天祥尽早舍生取义。

文天祥何尝不想死,一路上他服过毒、绝过食,却在元军的严密监视下怎么也死不了。比如他绝食了八天,元兵每天都会按时给他强行灌入一些食物,还有专人随时看守,以防他突然死亡。

该来的终究要来。在忽必烈看来,征服一个国家,攻下领土是远远不够的,更重要的是征服人心,尤其是被这个国家的百姓视为精神图腾的关键人物,被俘的恭帝算一个,文天祥当然也算一个。从某种意义上说,不能迫使文天祥在精神上屈服,接受大元的官职,忽必烈有些遗憾。他并不需要一个亡国之臣为新政权提供多大的帮助,文天祥存在的意义,就是通过投降大元,彻底瓦解汉人心中那道不可逾越的鸿沟。

忽必烈如此重视,作为囚徒的文天祥待遇自然不会差,抵达大都后,他被安置在朝廷专门用来接待宾客的会同馆。第一个前来劝降的,是留梦炎。

临安被围时,陈宜中跑了,留梦炎也跑了,但陈宜中跑到南方继续跟随流亡朝廷,留梦炎却很快降元,还为元朝招降了一大批宋臣,如今他现身说法,希望文天祥效仿自己改换门庭。

文天祥却连个正眼都不给他，留梦炎只得悻悻而去。

第二个来劝降的，是降将吕师孟，故宋兵部尚书。

吕师孟身着元廷官服大摇大摆地走到文天祥面前，开口就是恶言挖苦："丞相当年因我向元献降表欲杀我而后快，现在丞相还杀得了我吗？"

文天祥厉声呵斥道："你叔侄二人叛国投贼，无耻苟活之徒，有何面目在我面前大放厥词！"

吕师孟也只好讪讪而归。

第三个出马的，是同平章事阿合马。

阿合马身为忽必烈心腹重臣，派头自然比留梦炎等投降之辈大得多。一进会同馆，阿合马便高踞堂上，颐指气使地命人传文天祥来问话。

两人一见面，阿合马便厉声叫嚣："知我是谁否？"

文天祥答："听人说你是宰相。"

"既知我为宰相，缘何不拜？"

"南朝宰相见北朝宰相，没有拜的道理！"

"说得轻巧，你是南朝宰相，生死却要由我来定！"

"亡国之人，要杀便杀，无须你来信口胡言！"

阿合马与文天祥争辩许久，终究还是没能使他屈服。

眼看降臣叛将、心腹重臣都不是对手，忽必烈只好抬出一位重量级劝降人——投降后被元廷降封为瀛国公的宋恭帝。

尽管恭帝已是亡国之君，但在文天祥眼中仍是他的官家、他的君王，一见恭帝，他便跪倒在地，失声痛哭，简单说了句："君臣缘分已尽，请陛下速回！"

恭帝如鲠在喉，黯然离去，一句劝降的话也没说出口。

## 五

为了让文天祥屈服，忽必烈撕下了虚伪的善意面具，决定用肉体折磨去摧残他的意志。文天祥被押入兵马司衙门的一间土牢之中，面对的是一副沉重的木枷，一间潮湿阴冷、肮脏不堪的囚室，一张高低不平的木板床，冬天冷似冰窟，夏天又潮湿闷热，还要忍受被狱卒呼来喝去的耻辱，经受一次又一次酷刑的折磨。

其实，文天祥既不怕屈辱地活着，更不怕落寞地死去。

他目睹挚友陆秀夫背着年幼的皇帝赵昺跳海自杀，十万军民跳海殉国；也曾因军中暴发瘟疫，眼睁睁地看着母亲和儿子死在身边。身为亡国之臣，生亦何欢，死又何惧？

即便如此，忽必烈仍然没有放弃劝降文天祥的念头，下一个出场劝降的，是大元帝国权势最盛的丞相孛罗。

尽管文天祥已被折磨得形销骨立、疾病缠身，孛罗仍喝令左右强迫文天祥跪在阶下，甚至动用金挝击其膝伤，他拼命挣扎着，始终没有让双膝点地。孛罗怒道："如今你还有何话可说！"

文天祥平静地说："社稷兴亡自有天命，国亡受戮，自古皆然，我为宋臣，只愿一死。"

孛罗立刻咬牙切齿道："你想速死，我偏偏不让你死！"

纠缠了半天，孛罗仍然难以让文天祥松口，只得继续关押，并下令缩减其每日饮食，半个月后，又命人给他端来香气扑鼻的大鱼大肉，可这个饥饿难挨的囚徒，却连筷子都没拿起，只是淡然地对狱卒说："我不吃这种酒食已经很久了。"上至忽必烈、孛罗，下至土牢里的狱卒，每个人都永远无法理解，南宋政权已经亡了将近四年，大宋的万里锦绣河山早已在蒙古铁骑的冲击下尽数沦陷，他为何还要如此坚持？他们实在好奇，究竟怎样才能让他投降呢？

君臣关、囚徒关已过，接下来是亲情关。前来劝降的是文天祥的妻子欧阳氏和两个未成年的女儿。文天祥一生育有二子六女，如今在世的只剩两个年仅十四岁的幼女：柳娘、环娘。元人将他的妻女押至大都，立刻就让柳娘给文天祥写信劝降。

尽管信的内容很温情——只要投降，家人即可团聚，潜台词却足够狠毒：我们元人能善待你的妻女，自然也能永世让她们在宫中为奴，你若不降，我们还能有一万种方法让你的妻女在凄惨和屈辱中死去。

文天祥看了这封简短的信件，字字句句都像钢刺般扎进心底，他强忍着泪水，蹲下身来写了寥寥数言："收柳娘信，痛割肠胃。谁人无妻儿骨肉之情？但事已至此，于义当死，乃是命也。奈何，奈何！可令柳娘、环娘做好人，爹爹管不得。泪下哽咽、哽咽。"

当一个人饿得面黄肌瘦仍对酒肉美食不屑一顾，连骨肉亲情都能割舍，已然表明尘世间早无牵挂，文天祥不再执着于自刎，而是从容地等待着死神的降临，这是怎样一种惊心动魄的伟大！他就这么整日枯坐在恶臭难闻的囚室之中，彻底屏蔽了七情六欲，唯一愿意做的便是练字写诗，只希望在死亡来临前，能够为大宋遗民再留下一些忠义之作，留下一些能与江海山川共存的东西。

为劝降文天祥，元廷算是用尽了手段：精心挑选的劝降人、威逼利诱的花样、待遇优厚的承诺、时日漫长的关押，可文天祥惊人地战胜了一切考验，任何关卡都没能让他迟疑半步，最后一关，元世祖忽必烈只好亲自上场了。

某日，忽必烈问左右侍从："南方与北方的丞相，谁最贤能？"

这种明知故问的问题，众人心中早有答案："北人无如耶律楚材[5]，南人无如文天祥。"

这正是忽必烈想听到的答案，更是他迟迟不愿杀掉文天祥的原因。文天祥就义前一日，忽必烈亲自来狱中劝降，这是他的底线，也是最后一次努力了。文天祥当然明白，这也是最后一次拒绝，此后便可彻底解脱了。

忽必烈望着面黄肌瘦的文天祥，却像面对一座屹立不倒的万里长城，他淡淡地问："都过去快四年了，你的国家早亡了，你的君王、你的家人、你的同僚、你的下属，还有千千万万的宋人都降了，你还有什么好坚持的？你以前是大宋朝的宰相，朕会让你继续做大元朝的宰相，你一点都不亏啊！朕的建议，你难道一点也不考虑吗？"

文天祥平静地看着忽必烈，坚毅的眼神在阴暗的牢狱中依然绽放着耀眼的光芒："某受宋朝三帝厚恩，号称状元宰相，却无力挽救危亡，心早已随故国而逝，万无可能再事新主。苟延残喘至今，实愧于宋臣之名，今事二姓，非所愿也。"

忽必烈问："你到底有何愿望？"

文天祥对着忽必烈长长一揖："唯愿一死足矣。"说罢再次陷入深深的沉默。

忽必烈心中一凛，无奈地长叹一声："好男儿，可惜了！"

至元十九年十二月初九（1283年1月9日），是值得大宋子民永久纪念的日子。这位道德高尚、胸怀天下、公忠体国、一身正气的仁人君子，就义前特意整肃衣冠，向南恭敬而拜，那是临安的方向,是他仕途的起点,更是他灵魂的归处。

繁华的、古老的、饱受磨难的临安,交织着街道、桥梁、巷陌、高楼的临安,黑暗与光明交替的临安,热烈与冷酷并存的临安,富庶与贫穷同在的临安,伴随着天际落下的风、地面闪耀的雨、远处洒向西湖的蒙蒙细雨,埋葬着无数得意者、失意者或热气腾腾或壮志难酬的冷暖故事的临安……一幕幕往事快速浮现,文天祥仿佛在肃杀的氛围中感受到他在诗中写到的正气,浩然流荡于古今的正气、殉身不恤的正气、先贤事迹中彰显的正气,董狐、苏武、诸葛亮、严颜、祖逖、颜杲卿……文天祥是否知道,自己即将迎着这股昂扬正气,迈入千古圣贤的行列?

## 注释

[1] 文天祥《先君子革斋先生事实》记载:"夜呼近灯,诵日课,诵竟,旁摘曲诘,使不早恬,以习于弗懈。小失睡,即示颜色。虽盛寒暑,不纵检束。"

[2] 端平三年(1236)五月,文天祥出生前夕,祖父梦见天际间一个婴儿脚踏紫云而来,故取名云孙,字从龙。

[3] 期集所:又名状元局,新科进士聚会之地。

[4] 绍兴八年(1138),宋金和议达成前,枢密院编修官胡铨上疏力

斥和议，乞斩秦桧、孙近、王伦三人，声震中外。

[5]耶律楚材：金国尚书右丞耶律履之子，金贞祐三年（1215）降蒙，对元朝立国各项制度设计贡献突出。

# 参考资料

## 一、古籍类

1. （元）脱脱等：《宋史》，中华书局，1985。

2. （元）脱脱等：《金史》，中华书局，1985。

3. （宋）徐梦莘：《三朝北盟会编》，上海古籍出版社，2008。

4. （宋）李心传编撰，胡坤点校：《建炎以来系年要录》，中华书局，2013。

5. （宋）李心传：《建炎以来朝野杂记》，中华书局，2016。

6. （宋）孟元老著，杨春俏译注：《东京梦华录》，中华书局，2020。

7. （宋）孟元老、吴自牧著，王旭光校注：《东京梦华录 梦粱录》，江苏凤凰文艺出版社，2019。

8. （宋）周密著，谢永芳注评：《武林旧事》，中州古籍出版社，2019。

9. （宋）辛弃疾：《辛弃疾词集》，上海古籍出版社，2016。

10. （宋）李清照：《漱玉词》，四川文艺出版社，2021。

11. （宋）岳珂编，熊曦、李兰、宋学佳等译注：《鄂国金佗稡编续编译注》，郑州大学出版社，2022。

12. （宋）张孝祥著，徐鹏校点：《于湖居士文集》，上海古籍出版社，2009。

13. （宋）洪迈著，张仲裁译注：《容斋随笔》，中华书局，2021。

14. （明）陈邦瞻：《宋史纪事本末》，中华书局，2015。

15. （清）毕沅：《续资治通鉴》，中华书局，2021。

16. （宋）陆游著，钱仲联、马亚中主编：《陆游全集校注》，浙江古籍出版社，2016。

17. （宋）姜夔著，李旭校注：《姜夔词全集》，崇文书局，2019。

18. （清）徐松辑，刘琳、刁忠民、舒大刚等校点：《宋会要辑稿》，上海古籍出版社，2014。

19. （宋）文天祥撰，刘文源校笺：《文天祥诗集校笺》，中华书局，2017。

20. （明）田汝成著，陈志明校：《西湖游览志馀》，东方出版社，2012。

21. （宋）朱彧、陆游撰，李伟国、高克勤校点：《萍洲可谈 老学庵笔记》，上海古籍出版社，2012。

22. （宋）周密撰，王根林校点：《癸辛杂识》，上海古籍出版社，2012。

23. （宋）龚明之、朱弁撰，孙菊园、王根林校点：《中吴纪闻 曲洧旧闻》上海古籍出版社，2012。

24.（宋）罗大经撰，孙雪霄校点:《鹤林玉露》，上海古籍出版社，2012。

## 二、现代著作类

1. 何忠礼:《南宋全史》（一），上海古籍出版社，2011。

2. 苗书梅、葛金芳等:《南宋全史》（三），上海古籍出版社，2012。

3. 邓广铭:《稼轩词编年笺注》，上海古籍出版社，2018。

4. 邓广铭:《辛弃疾传 辛稼轩年谱》，生活·读书·新知三联书店，2017。

5. 辛更儒:《辛弃疾研究》，人民出版社，2008。

6. 陈振:《宋史》，上海人民出版社，2020。

7. 王曾瑜:《宋高宗传》，中国书籍出版社，2016。

8. 何忠礼:《宋高宗新论》，上海古籍出版社，2021。

9. 柯宝成编著:《李清照全集》，崇文书局，2015。

10. [美] 艾朗诺著，夏丽丽、赵惠俊译:《才女之累:李清照及其接受史》，上海古籍出版社，2017。

11. 陈祖美:《李清照评传》，南京大学出版社，2011。

12. 叶嘉莹:《南宋名家词选讲》，北京大学出版社，2007。

13. 邓广铭:《岳飞传》，生活·读书·新知三联书店，2017。

14. 朱东润:《陆游传》，华中科技大学出版社，2019。

15. 邱鸣皋：《陆游评传》，南京大学出版社，2002。

16. 赵晓岚：《姜夔与南宋文化》，学苑出版社，2001。

17. 修晓波：《文天祥评传》，南京大学出版社，2011。

18. 俞兆鹏、俞晖：《文天祥研究》，人民出版社，2008。

19. 陶尔夫、刘敬圻：《南宋词史》，北方文艺出版社，2019。

20. 何忠礼主编：《南宋史及南宋都城临安研究》，人民出版社，2009。

21. 徐吉军：《南宋临安社会生活》，杭州出版社，2011。

22. 徐红：《南宋诏令辑校》，湘潭大学出版社，2015。

# 后记

有人说，历史是任人打扮的小姑娘，既是任人打扮，那不妨在不违背基本史实的前提下，用幽默调侃的语气和持续更新的网络热词包装历史人物与历史故事，似乎不铆足劲儿讲段子、聊趣闻，就会被贴上枯燥无趣读不下去的标签。但风趣和油腻应该不能等量齐观，文字间流转的真情实意也不应被为了搞笑而搞笑的机会主义取代。

讲述历史只靠搞笑和逗乐取悦读者，应当不是通俗历史写作者的唯一追求，可读性和好读性也绝非完全跟幽默的文字挂钩。我们从历史典籍中发掘的故事应该是富有意趣而感染人的，换句话说，尊重史实、谨慎用句才是历史写作者必需的态度，所谓玩转历史、一读就乐的历史读多了，难免会出现审美疲劳。

基于此，这本书的每一个章节字数都过万，比三五分钟便能通读一篇的"公众号"文章篇幅更长，情节性和叙述角度自然具备更大的延伸性。李清照、陆游、辛弃疾、姜夔、文天祥，这些后世耳熟能详的名字，人人都能讲出些有关他们的故事。我开始动笔前，自认为撰写这些人物的生平事迹可以不费吹灰之力，然而真正着手写作时，我发现自己掌握的史料并不比一般人多，撰写故事的能力也不比一般人强，于是我只能强迫自己静下心来，克服早写完早交稿的内心冲动，认真细致地完成各个人物的故事梳理，先完整了解再谨慎讲述。

这本书中提到的人物，都是南宋这段灰暗历史的倒影，而在南宋实际意义上的都城临安，他们都曾留下过深深浅浅的足迹，他们在这座城市度过了迷惘的青春和颠沛流离的官场岁月，也都被多灾多难的命运折磨得遍体鳞伤。这群在临安城中苦苦寻找出路的失意者，曾坚信自己可以在这里扶摇直上，无奈没人学得会醉生梦死、偏安一隅，于是只好继续颠簸，继续失意，但正因如此，人生的境界才会无限提升，梦想的光彩才会愈发动人。

正如陆游的《鹧鸪天》中所言："贪啸傲，任衰残。不妨随处一开颜。元知造物心肠别，老却英雄似等闲。"一个凡人面临现实的困窘和理想的破碎，总能给文字带来不竭的力量和旺盛的生命力。本书力求在这些人物一生中每一个关键分岔口，寻找截然不同的解读方式，试图回到那些真实的历史现场，真正走进人物的内心世界，分析他们的选择，弘扬他们的精神，从而串起南宋百余年的历史轨迹，让更多的读者了解这个时代，深刻理解历史人物的人生选择和那些熠熠生辉的人生故事。作为一名普普通通的历史爱好者，我想做的，我能做的，大概便是如此了。

｜2024 年 4 月于徐州